아더 핑크(Arthur Pink)의

하나님 마음에 합한 사람

최 영 희 지음

하나님 마음에 합한 사람 다윗을 통해 바라본 인간의 내면 성찰
당신의 영적 터닝 포인트를 진단하라.

아이러브처치
www.churchbook.net

아더핑크의 하나님 마음에 합한 사람

초판 1쇄 발행 2010년 2월 20일

지은이 최영희
펴낸이 장주희
펴낸곳 아이러브처치
디자인 아트엘
전화 0505)267-0691
팩스 032)505-6004

등록번호 제 354-2009-000006호
등록일 2009년 5월 1일 (최초등록일 2005년 2월 17일)

홈페이지 www.churchbook.net
이메일 churchbook@hanmail.net

값 11,000원

ISBN 978-89-92367-59-2 03230

"아이러브처치(ilovechurch)는 예수 그리스도가 주인인 교회를 사랑하며, 마지막 '때'(마 24:14)의 사명을 감당하고자, 믿음의 식구들과 함께 기도하며 준비하는 선교단체입니다. 아이러브처치는 찬양을 통한 영적회복, 도서를 통한 영적 강건함, 문화를 통한 복음화, 그리고 세계선교의 비전을 추구합니다."

아더 핑크(Arthur Pink)의

하나님 마음에 합한 사람

내가 이새의 아들 다윗을 만나니 내 마음에 합한 사람이라 내 뜻을 다 이루게 하리라 하시더니 (행 13:22)

차례

서론

다윗은 구약 성경 전체를 본다면 가장 위대한 왕입니다. 보잘 것 없는 목동이 이렇게까지 성공 할 수 있다는 사실은 놀라운 일입니다. 하나님의 섭리로 선택을 받았지만 오랜 시간 모세와 같이 목동의 시간을 보내야 했습니다. 또 사울과 그의 가족으로 인해 오랜 시간 정처 없이 도망 다녀야 했습니다. 어느 누구도 위로해 주지 않았고 돌보지 않았습니다. 매일 목숨을 남의 손에 사냥 당하는 다윗의 모습은 애처롭기까지 했습니다. 비록 어린 시절 골리앗을 죽였지만 – 우리는 대부분 이 사실만을 기억합니다. 다윗이 겪어야 했던 고통과 슬픔, 어려움에 대해서 말하지 않습니다. – 이후 그를 기다린 것은 승리의 영광이 아니라, 끝이 보이지 않는 절망과 좌절, 방황의 고통이었습니다. 그래도 하나님은 다윗을 버리지 않았습니다.

모세와 같이 오랜 시간 고난과 고통을 통해서 하나님과 교제하게 되었습니다. 다윗은 시편 노래로 하나님을 찬양했습니다. 그의 애절하고 정직하며 고통스런 회개의 시편은 바로 이런 시간을 보낸 다윗의 작품입니다. 승리의 환성과 영광의 시간이 있었지만 다윗은 고난과 고통, 심판의 시간을 더 오래 보낸 것 같습니다. 많은 실수나 죄악도 있었지만 이상하게도 하나님은 사울처럼 다윗을 버리지 않았습니다. 바로 다윗의 중심을 보신 것 같습니다. 언제나 죄를 고발하는 선지자의 목소리에 다윗은 겸손하게 순종했으며 하나님의 목소리를 들었습니다. 사울처럼 교만하지 않았습니다. 언제나 하나님의 음성을 듣고 회개하며 나아갔으며 심판을 견뎠습니다. 피 눈물 나는 고통을 잘 견디며 하나님을 만나고 죄 앞에서는 깊은 회개를 했습니다. 이것이 하나님이 다윗을 버리지 않는 이유입니다.

主客顚倒 – 이 한자는 '주객전도' 라는 사자성어입니다. 한 여행객이 낙타를 타고 사막을 횡단하다 밤이 되었습니다. 낮에는 덥고 밤에는 기온이 영하로 떨어지는 곳이 사막 기온입니다. 낙타의 주인은 텐트를 치고 잠을 청하고 있었습니다. 물론 낙타는 밖에서 잠을 자야 했습니다. 그런데 갑자기 낙타가 주인의 텐트에 코를 들이밀며 말합니다. "주인님! 제가 오랫동안 비염을 알고 있어서 찬바람을 맞고 잠을 잘 수가 없습니다. 은혜를 베푸셔서 코만이라도 따뜻한 텐트에 넣게 해주세요." 은혜가 풍성한 주인은 낙타가 코를 넣고 자는 것을 허락했습니다.

주인은 먼저 하나를 허락했습니다. 그런데 또 낙타가 말을 하기 시작합니다. "주인님! 코만 넣으니깐 제가 좀 불편합니다. 머리만이라도 허락해 주시면 좋겠습니다." 주인은 그까짓 머리하나 쯤이야 하면서 두 번째 머리를 텐트에 넣게 했습니다. 그런데 낙타가 또 말을 합니다. "주인님! 제가 오랜시간 동안 짐을 메고 다녀서 앞발에 관절염이 있습니다. 관절염은 따뜻하게 하면 좋아진다고 합니다. 앞발만 넣게 해 주세요" 이에 주인은 내일 짐을 나르는 일이 걱정이 되어서 앞발 넣는 것을 허락했습니다. 드디어 낙타는 앞발을 넣는데 성공했습니다. 이런 식으로 낙타는 코로 시작해서 앞발과 몸 전체를 텐트에 넣는데 성공했습니다. 그럼 낙타 주인은 어떻게 되었겠습니까? 작은 것 하나를 허용한 결과로 텐트에서 쫓겨나서 사막의 추위 속에 잠을 자야 했습니다. 바로 이 말이 "주객전도"라는 한자 성어의 이야기입니다. 주인과 손님이 완전히 바뀌었다는 말입니다. 주인이 주인 되지 못하고 모든 권리를 손님에게 빼앗긴 것입니다. 이 낙타와 낙타주인의 우화는 죄와 우리의 관계를 잘 말해 주고 있습니다. 죄도 처음에 들어 올 때는 큰 덩어리로 들어오지 않습니다. 초기에는 아주 가끔씩 그리고 아주 조금씩 죄를 짓게 됩니다. 그렇게 처음엔 작은 것부터 시작하지만 우리는 죄에 점점 익숙해지고 어느새 헤어 나올 수 없는 지경에 이르게 되며 결국 죄의 지배를 받게 됩니다. 이런 일이 다윗에게도 동일하게 일어나고 있습니다.

사실 하나님이 선택한 다윗의 죄악을 엿본다는 사실이 즐겁지는 않았습니다. 죄악을 보면서 이렇게 생각할 수 있었습니다. "야! 내가 하나님이라면 너는 죽었어! 왜! 저렇게 우둔하게 행동해! 제발 정신 좀 차려! 당신은 왕이란 말이야!" 그러나 이 목소리는 저를 향한 목소리라고 생각합니다. 다윗에 관한 여러 저자들의 책과 자료를 통해서 왕의 죄악을 찾아내는 작업은 쉽지 않았습니다. 이 작업을 하면서 언제나 하나님께서 저의 죄악에 대해서 말하고 있는 것 같았습니다. 다윗이 죄의 기회와 유혹에 빠져서 헤어나지 못하는 모습과 마지막에 하나님의 처절한 심판을 당해야 하는 모습이 저를 불편하게 했습니다. "아! 죄라는 것이 이렇게 무서운 거구나! 하나님의 심판이 이렇게 무섭고 정확하구나!" 하는 생각이 오랜 시간 저의 영혼을 떠나지 않았습니다.

언제부터인가 하나님의 설교단에서 들리지 않는 죄의 질책과 심판에 대한 말씀을 생각합니다. 설교자들이 약해져서 그런 것 같지 않습니다. 죄를 이해하는 우리의 마음이 무뎌져 있다는 생각이 듭니다. 죄에 빠져 있지만 죄의 해결보다는 세상의 즐거움과 삶에 지쳐 있다는 생각이 듭니다. 또한 죄에 대한 말씀을 듣는 우리가 너무 교만하지 않는가 생각합니다. 설교단에서 들리는 죄의 설교에 대해 교만한 마음으로 대적하고 항의하는 것이 설교자의 마음을 닫게 했다고 생각합니다.

하나님의 심판의 칼은 죄를 향해 시퍼런 칼날을 갈고 있지만, 사단의 속임수로 우리의 영혼이 죄에 대해 무감각해 있다는 생각이 듭니다. 하나님의 심판은 철저합니다. 쉬지 않고 하나님의 목적을 이루며 심판을 행합니다. 어느 누구도 심판을 막을 수 없습니다. 다윗이 금식하며 기도해도 밧세바의 아들을 죽이듯이 하나님은 심판의 칼을 죄를 향해 내리칩니다. 그 대상이 자신이 선택한 왕의 아들일지라도 철저한 심판은 쉬지 않습니다. 이 책을 통해서 희미해져 가는 죄에 대해 강한 뉘우침과 깨달음, 영적인 회복이 있기를 간절히 소원합니다.

끝으로 이 책을 낼 수 있도록 용기와 은혜, 지혜를 베풀어준 목회와 삶의 선배 가진수 목사님께 감사의 마음을 드립니다. 또한 하나님의 사랑을 알게 해준 믿음의 어머니 정건숙 집사님과 아버지 문은동 집사님께 이 책을 빌어서 감사의 마음을 전합니다.

저자 최영희

1. 왕의 소년 시절

삼상 16:10-14

이새는 자기 아들 일곱 명을 사무엘 앞으로 지나가게 했습니다. 그러나 사무엘은 "여호와께서는 이아들들 중 누구도 뽑지 않으셨소."라고 이새에게 말했습니다. 그리고 나서 사무엘이 이새에게 물었습니다. "여기에 있는 아들이 전부요?" 이새가 대답했습니다. "막내아들이 더 있습니다. 그 아이는 밖에서 양들을 돌보고 있습니다." 사무엘이 말했습니다. "그 아이를 불러 오시오. 그 아이가 오기 전까지 식탁에 앉지 않겠소." 그리하여 이새는 사람을 보내어 자기 막내아들을 불러 오게 하였습니다. 이새의 막내아들은 살결이 불그스레하고 눈이 빛나는 잘생긴 소년이었습니다. 여호와께서 사무엘에게 말씀하셨습니다. "자! 바로 이 소년이다. 일어나 그에게 기름을 부어라." 사무엘은 올리브기름이 든 그릇을 가지고 형제들이 보는 앞에서 이새의 막내아들에게 기름을 부었습니다. 그 날부터 여호와의 영이 큰 힘으로 다윗에게 들어갔습니다. 이 일이 있은 후에 사무엘은 라마로 돌아갔습니다. 여호와의 영이 사울에게서 떠났습니다. 그리고 여호와께서 보내신 나쁜 영이 사울을 괴롭혔습니다.

왕의 소년 시절

사무엘상 16-17장

✿

다윗의 인생은 하나님의 구원의 계획과 목적을 잘 보여주고 있다. 다윗을 통해서 하나님은 자신의 위대한 섭리를 드러낸다. 성경은 언제나 하나님의 위대한 구원의 계획을 보여주며 다양한 방법과 인물을 통해서 구원의 큰 계획을 말한다. 하나님은 이미 구약의 첫 시작을 통해서 구원자의 올 길을 준비하였다. 구원의 역사는 성경에서 연속적으로 일어나는 사건을 통해서 증명되고 있다. 하나님의 주권적인 힘과 능력으로 구원의 역사는 시작되었고 결국 아들의 죽음과 부활로 성취되었다. 성경의 여러 사건들은 하나의 거대한 목표를 이루어가는 중요한 원인이 된다. 구약의 모든 사건은 하나님의 주권에 의한 구원이라는 거대한 목표를 향해 나아간다.

하나님은 예수를 통한 구원이 있기 전부터 수없이 많은 구원과 해방을 허락하였다. 이러한 구원과 해방의 사건은 예수가 이루어낼 위대한 구원의 사건을 미리 보여주는 예증과 예표이다. 예수께서 오기 이전부터 하나님은 직접적인 계시와 말씀, 행동으로 자신의 존재를 말하였으며, 구약의 선조들은 아주 작은 계시의 빛을 통해서 구원자에 의한 구원을 알게 되었다. 그러나 구약의 작은 계시는 예수에 의해서 나타나는 크고 강한 빛과 직접적인 계시에 비하면 아무것도 아니다. 예수께서 오기 이전의 시대는 암흑과 같은 시기였다고 해도 무관하나, 마치 구약의 시대가 어둠과 같은 암흑의 시기라고 해서는 안 된다. 아주 작은 계시의 불빛이라도 마치 밤하늘에 떠 있는 달빛과 같이 흐릿한 빛이라도 하나님께서 허락한 것이다. 그러나 태양이 비치면 달빛은 희미하게 사라진다. 이처럼 구약 시대의 교회와 성도는 아주 작은 계시의 불빛만을 가졌다.

다윗의 시대 이전에 하나님은 이미 예수에 대해 말하였다. 성자 하나님의 성육신에 대한 예증과 예표는 구약 성경 전체를 통해서 나타난다. 아담과 하와의 타락 사건 이후 하나님은 뱀의 머리를 상하게 할 자를 말하였다. 오직 하나님의 아들만이 뱀의 머리를 상하게 할 수 있다. 예수는 여자의 후손이 되어 아버지의 뜻을 성취하게 된다. 아브라함은 후손이 하늘의 별과 땅의 모래 같이 많을 것을 계시 받았다. 오직 아브라함의 육체적인 혈통에서 유대인의 왕 예수가 태어날 것을 약속 받은 것이다. 이후 모세와 아론의 시대에는 구체적인 모형을 통해서 구원자에 대한 계시를 받았다. 이러한 하나님의 구원의 계획은 이스라엘을 통해서 이루어진다.

하나님은 예수가 태어날 육신적인 혈통으로 다윗을 선택하였다. 그래서 아브라함부터 시작된 후손들 중에서 이새의 아들 다윗이 왕으로 선택되고 기름부음을 받았다. 다윗이 왕으로 선택받았다는 것은 구약의 전 역사와 구원의 역사 가운데 중요한 부분이다. 다윗은 구원자의 등장에 중요한 육신적 혈통을 제공 할 뿐 아니라 구약 성경 전체를 대표해서 구원자에 대한 예표를 보여준다. 다윗 왕가를 통해서 교회에 대한 예표를 보인 것은 하나님의 놀라운 섭리이다. 하나님은 이제 그리스도를 위한 새로운 나라를 세우기 시작하였다. 다윗을 통한 이스라엘의 설립은 이후 교회라는 형태로 발전하기 시작한다.

다시 말하면 하나님은 거룩한 의를 실현 할 수 있는 기초 작업을 시작하였다. 거룩한 의의 나무가 자라기 위해서 뿌리를 다윗에게 심었다. 이것은 우리가 알 수 없는 하나님의 놀라운 섭리다. 하나님은 미래의 교회에 존귀하고 영원하며 거룩한 왕이 될 예수를 위하여 미리 한 혈통을 준비하였다. 성경은 이 영광의 왕이 이새의 한 줄기에서 나온다고 말한다.

> 이새의 그루터기에서 한 싹이 나며, 그의 뿌리에서 한 가지가 나와 열매를 맺을 것이다. (사 11:1)

> 보아라. 그 날이 오고 있다. 나 여호와의 말이다. 그 날이 오면 내가 다윗의 집에서 의로운 가지를 일으킬 것이다. 그는 왕이 되어 지혜롭게 다스릴 것이며, 이 땅에서 옳고 바른 일을 할 것이다. (렘 23:5)

구약과 동일하게 신약도 증거하고 있다.

> 나 예수는 온 교회에 이 모든 것을 증언하기 위해 천사를 보냈다. 나는

> 다윗의 뿌리이자 자손이며 빛나는 새벽별이다. (계 22:16)

하나님의 은혜와 계획을 찬양하며 감사해야 하는 이유는 어느 누구도 하나님의 섭리와 계획을 미리 알지 못한 것이다. 성자 하나님이 육신을 가지고 여자의 몸에서 태어난다는 사실은 첫 사람이 타락한 이후에 계획되었다. 영원한 약속의 말씀이 드리나 보이고 아직은 안개와 같이 희미한 상태의 언약이지만, 이 모든 언약은 홍수 사건 이후에 하나님의 언약에 의해서 더욱 분명해 진다. 믿음의 선조들은 오랜 시간 기대하였다. 언약의 구원자가 등장 할 혈통을 기대하며 소망하였지만 이 일이 발생한 것은 바벨탑 사건 이후이다. 이것은 타락한 인간이 하나님께 반기를 든 사건이다. 메시아에 대한 놀라운 계시를 시작한 것은 창세기를 제외한 모세오경에서 더욱 선명하게 보인다. 하나님의 계시는 선택한 이스라엘의 타락 사건 이후부터 선명하게 나타나기 시작한다.

이스라엘의 타락은 다윗의 시대뿐만 아니라 그 이전부터 시작되었다. 여호수아가 죽은 이후부터 이스라엘의 타락은 급격하게 시작하였다. 사사기 한 권만을 읽어도 충분하게 알게 된다. 이 후부터 노골적인 타락의 사건은 계속되었다.

> 그 때에 이스라엘 사람들에게는 왕이 없었습니다. 그래서 사람들마다 자기가 하고 싶은 대로 했습니다. (삿 21:25)

사사기 이후 이스라엘은 하나님의 뜻을 거슬러 왕을 구했다. 이들은 더 이상 하나님을 왕으로 인정하기 싫었고 이방 민족처럼 다스릴 왕을 구했다.

왕이 있으면 우리도 다른 모든 나라들과 같게 됩니다. 우리 왕이 우리를 다스릴 것입니다. 왕이 우리와 함께 나가서 우리를 위해 싸울 것입니다. (삼상 8:20)

이들의 요구에 하나님은 말하셨다.

내가 진노 가운데 너에게 왕을 주었으나, 이제 나의 노함으로 그들을 없애 버리겠다. (호 13:11)

그러나 이들의 요청으로 세워진 왕 역시 하나님이 싫어하는 자였으며, 하나님을 버리고 신접한 여인에게 도움을 청하는 자였다. 그들의 왕은 전쟁터에서 자살한 비참한 왕이었다.

이렇게 죄악이 넘치고 우둔해지며 악이 충만하고 어두운 환경에서 하나님이 허락한 새 은혜의 언약이 흘러나왔다. 이 사람은 이러한 역사적 배경 가운데서 등장한 인물이다. 하나님의 은혜는 이스라엘의 모든 백성과 선지자들이 타락하고 부패된 상태가 되었을 때 더욱더 크게 넘친다. 이때 하나님의 긍휼한 은혜가 넘쳐 나기 시작했다. 하나님의 능력은 이렇게 좌절된 상태에도 백성의 구원을 허락하였으며 마음에 합당한 사람을 준비하고 역사에 등장시켰다. 이제 어린 다윗이 하나님의 역사에 등장한다.

여호와께서 사무엘에게 말씀하셨습니다. 너는 언제까지 사울 때문에 마음 아파할 것이냐? 나는 이미 사울을 버려 이스라엘의 왕이 되지 못하게 하였다. 이제 너는 그릇에 올리브 기름을 채우고 가거라. 내가 너를 베들레헴에 사는 이새에게 보낸다. 내가 그 사람의 아들 중 하나를 왕으로

뽑았다. (삼상 16:1)

위의 말씀과 사무엘상 16장 10-12절을 보면 다윗이 기름 부음 받는 사건과 함께 동시에 다른 일이 발생한 것을 알게 된다. 사울이 하나님의 모든 것을 멸시하자 하나님은 사울 왕을 버렸다. 사울은 아주 잠깐 동안 이스라엘의 왕이었다. 그러나 하나님이 버림으로 더 이상 왕이 될 수 없었다. 이것을 통해서 성령의 음성을 들어야 한다. 사람의 방법과 술수를 통해서 이루고자 한 일들은 하나님에 의해서 정확하게 거절당한다. 처음에는 표면적으로 나타나거나 보이지 않지만 시간이 흘러 갈수록 하나님께서 거절했다는 증거가 드러난다.

베들레헴에 사는 이새의 아들 다윗은 하나님의 선택으로 기름 부어졌다. 그 당시에 유다는 여러 고을에서 가장 작은 곳이었다.

> 그러나 너 베들레헴 에브라다야, 너는 유다 족속들 가운데서 가장 작은 마을이지만 네게서 이스라엘을 다스릴 지도자가 나를 위해 나올 것이다. 그는 아주 먼 옛날, 멀고 먼 옛날로부터 온다. (미 5장2절)

여기서 유다를 가장 작은 마을로 말하지만 하나님의 생각은 우리와 다르다.

> 그러나 하나님께서는 지혜로운 것들을 부끄럽게 하시려고 세상의 미련한 것들을 선택하셨고, 강한 것들을 부끄럽게 하시려고 세상의 약한 것들을 선택하셨습니다. 하나님께서는 세상의 비천한 것들과 멸시받는 것, 그리고 아무것도 아닌 것들을 선택하여 유력한 것들을 멸하셨습니다. (고전 1:27,28)

하나님께서 이렇게 하는 이유는 아무 육체라도 자랑하지 못하게 함이다. 하나님은 홀로 존재하며 질투하는 하나님이기에 거룩한 뜻을 성취하기 위해 쓸모없고 비천하며 어리석으며 사람들이 외면한 것을 선택하여 사용한다. 이것을 본 사람은 하나님의 능력을 찬양하게 되며 오직 하나님의 권세와 능력만이 이것을 가능하게 한다는 것을 알게 된다.

위와 같은 하나님의 지혜는 이새의 아들 다윗을 선택한 것에서 잘 드러난다. 선지자 사무엘은 이새와 그의 아들들을 불러 모았다. 그러나 선지자는 아직도 하나님의 뜻을 이해하지 못했다.

> 이새와 그의 아들들이 도착했을 때, 사무엘은 엘리압을 보았습니다. 사무엘은 생각하였습니다. '틀림없이 여호와께서는 여기 서 있는 이 사람을 뽑으셨을 것이다.' (삼상 16:6)

선지자 사무엘은 하나님의 마음을 몰랐다.

> 여호와께서 사무엘에게 말씀하셨습니다. "엘리압의 멋있는 모습과 키 큰 모습을 보지 마라. 나는 엘리압을 뽑지 않았다. 내가 보는 것은 사람이 보는 것과 같지 않다. 사람은 겉모양을 보지만, 나 여호와는 마음을 본다." (삼상 16:7)

그러나 위의 구절은 하나님의 중심이 어디에 있는지 정확하게 나타낸다. 하나님은 자신이 모든 일에 결정권자며 주권자라는 사실에 그 중심을 두고 있다.

사무엘이 이새와 그의 아들들에게 거룩한 마음으로 제사를 드리자고 요청하였다. 이에 이새는 사무엘 앞으로 일곱 아들들을 보였으나 이곳에 하나님의 마음에 합당한 사람은 없었다. 이새에게 가장 작고 연약한 아들 다윗이 있었지만 다윗을 자격이 안 된 아들로 생각했다. 그러나 여호와는 마음의 중심을 본다.

> 사람의 마음에는 많은 계획이 있지만, 결국 여호와의 뜻대로 성취된다. (잠 19:21)

하나님의 요청으로 보이지 않는 아들이 사무엘 앞에 섰다.

> 그리하여 이새는 사람을 보내어 자기 막내아들을 불러 오게 하였습니다. 이새의 막내아들은 살결이 불그스레하고 눈이 빛나는 잘생긴 소년이었습니다. 여호와께서 사무엘에게 말씀하셨습니다. "자! 바로 이 소년이다. 일어나 그에게 기름을 부어라." (삼상 16:12)

하나님의 이러한 선택 원리는 인간의 교만한 마음을 꺾어버린다. 하나님이 무시하고 멸시하는 것은 인간의 교만한 마음과 자랑하는 육체이다. 이스마엘을 버리고 이삭을 선택하며 에서가 아닌 야곱을 선택한 하나님이다. 이렇게 선택 받은 사람은 하나님의 영원한 사랑의 대상이 된다. 자신의 주권적인 선택과 구원을 증명하기 위해서 애굽을 무너뜨리고 이스라엘을 선택했다. 이처럼 사람이 보기에는 선택 받은 것처럼 보이는 이새의 아들들이라도 하나님은 분명하게 거절하며 자신이 원하는 다윗을 선택하며 왕으로 기름을 부었다. 하나님이 선택하고 보호하는 자들은 일정한 때가 되면 반드시 드러나 보인다. 하나님의 백성과 사단의 지배를 받는 자들은 선택되어진 구원을 통해서 분명하게 구별된다. 하나님의 선택을 받고 중생의 은혜를 가진 것은 하나님의 큰 은총을 받았다는 표시다.

로마서는 선택받은 자들에 대해서 이렇게 말한다.

> 하나님께서는 미리 정하신 사람들을 부르셨고, 부르신 사람들을 의롭다고 하셨고, 의롭다고 하신 사람들을 영화롭게 하셨습니다. (롬 8:30)

사도 베드로는 자신이 흑암 가운데서 선택 받았다고 고백한다.

> 그러나 여러분은 하나님께서 선택하신 민족이며 왕의 제사장입니다. 또 거룩한 나라이며, 하나님께서 홀로 다스리는 나라의 백성입니다. 하나님께서는 그분의 행하신 놀라운 일들을 알게 하시려고, 여러분을 어두움 가운데서 불러내어, 그의 놀라운 빛 가운데로 인도하셨습니다. (벧전 2:9)

하나님의 선택으로 이루어지는 구원에 대한 외적인 증거는 거듭난 사람의 마음이 변하고 새롭게 되는 것을 요구한다. 이러한 은혜는 거듭난 사람으로 하여금 하나님을 사랑하며 섬기게 한다. 이제 하나님의 백성으로 살아가기 위해 노력하며 하나님을 기쁘게 하기 위해서 모든 일을 감당하며 사는 것이, 거듭남을 체험한 사람들의 증거가 된다. 이렇기 때문에 하나님이 선택한 사람들은 특별한 고집쟁이가 된다. 왜냐하면 예수와의 신비적인 연합을 통해서 영적으로 하나가 되기 때문이다. 이러한 영적인 연합으로 하나님을 찬양하며 예배하게 된다. 다윗의 초기 삶에서 보이는 거듭남의 다양한 결과들을 찾아보는 것은 즐거운 일이다.

어린 시절에 선택 받은 다윗은 선지자에 의해서 기름부음을 받고 이스라엘의 새로운 왕으로 선택되었다. 그는 아무런 경험도 없는 어린이에 불과했지만 하나님의 선택하고 변화시키는 능력은 왕으로 성장시키기에 부족함이 없었다.

> 그리고 나서 사무엘이 이새에게 물었습니디. "여기에 있는 아들이 전부요?" 이새가 대답했습니다. "막내아들이 더 있습니다. 그 아이는 밖에서 양들을 돌보고 있습니다." 사무엘이 말했습니다. "그 아이를 불러 오시오. 그 아이가 오기 전까지 식탁에 앉지 않겠소." (삼상 16:11)

하나님은 다윗을 왕으로 선택하여 이스라엘 민족을 돌보고자 하였다. 이 일은 이스라엘의 출애굽 역사를 기억나게 한다. 바로 왕의 탄압과 억압으로 인해 이스라엘이 지쳐 있을 때 모세만이 이들을 구원할 수 있는 유일한 사람이었다. 그러나 모세는 사막에서 힘든 시간을 보내고 있었다. 지금 이스라엘이 하나님을 배반하고 혼돈과 전쟁 가운데 있을 때 하나님은 이새의 아들 중, 작은 목동 하나를 선택하여 구원의 소망을 보여 주었다.

목동 생활의 경험은 이후 다윗의 삶에 많은 영향을 미친다. 다윗이 골리앗과 싸우기 전 사울에게 말한 장면에서 알 수 있다.

> 그러나 다윗이 사울에게 말했습니다. "왕의 종인 저는 내 아버지의 양떼를 지키던 사람입니다. 사자나 곰이 나타나서 양을 물어 가면, 저는 그놈을 공격하여 그 입에서 양을 구해 냈습니다. 그놈이 저를 공격하면, 저는 그놈의 턱을 잡고 때려죽이기도 하였습니다. 왕의 종인 저는 사자와 곰도 죽였습니다. 할례 받지 않은 블레셋 사람인 골리앗도 제가 죽인 사

자나 곰과 같은 꼴이 될 것입니다. 왜냐하면 골리앗은 살아 계신 하나님의 군대를 욕했기 때문에 죽어야 합니다." (삼상 17:34-36)

이 구절에서 두 가지 사실에 주목해야 한다. 첫째 어린 양을 사랑하고 지키기 위해서 목숨을 버리는 다윗은 목자의 모습을 가졌다. 이 당시 대부분의 목동들은 양을 지키기 위해서 목숨을 걸지 않았다. 다윗은 목숨과 어린양을 바꿀 정도로 사랑했으며 아주 작은 일이라도 최선을 다했다. 둘째 다윗이 어린나이에도 불구하고 맹수와 싸운 것은 믿기 어려운 사실이다. 어떻게 가능했겠는가? 어린 다윗은 하나님을 믿었다. 자신을 지키고 인도하는 하나님을 믿고 의지하여 맹수와의 싸움에도 승리하였다. 이처럼 선택 받은 사람은 모든 것을 다해서 하나님을 의지하고 믿는다. 이것이 선택받은 자가 가지는 믿음의 특징이다.

다윗은 어린 시절부터 강한 영적인 힘을 가졌다. 이러한 사실은 성경의 여러 구절을 보면 알게 된다.

여호와여, 다윗을 기억하십시오. 그가 견뎌 냈던 모든 어려움들을 기억해 주십시오. 그는 여호와께 맹세했습니다. 야곱의 전능하신 그분께 서원했습니다. 나는 집에 들어가지 않겠습니다. 침실에도 들어가지 않겠습니다. 잠을 자지 않겠습니다. 졸지도 않겠습니다. 내가 여호와를 위한 한 장소를 찾을 때까지, 야곱의 전능하신 하나님의 집을 찾을 때까지 잠을 자지 않겠습니다. 우리는 에브라다에 그런 장소가 있다는 것을 들었습니다. 야르의 들판에 있는 그 곳을 발견했습니다. (시 132:1-6)

시편의 말씀을 세밀하게 본다면 어린 다윗의 관심이 하나님께 있음을 알 수 있다. 다윗은 에브라다에서 하나님의 영광에 깊은 관심을 두고 있었다. 초기 다윗의 모습에 대한 설명을 마치면서 다윗의 목자적인 성품을 아는 것은 중요한 일이다. 후에 다윗이 사울의 궁궐에 들어가면서 그의 목자적인 성품은 더욱 빛을 발한다.

> 다윗은 사울이 있는 곳과 베들레헴 사이를 왔다 갔다 하고 있었습니다. 다윗은 베들레헴에서 자기 아버지의 양 떼를 치고 있었습니다. (삼상 17:15)

다윗이 사울 왕을 만날 때에는 궁궐에서 화려한 것을 경험하고 누리면서 살 수 있었다. 그러나 다시 초원으로 돌아왔을 때는 목자로서의 삶을 살았다. 언제나 자신의 일을 기억하고 겸손하게 수행하는 모습에서 다윗의 성실하며 겸손한 성품을 볼 수 있다. 다윗은 하나님 앞에서 겸손했으며 맡은 바 일을 성실하게 수행하였다. 이러한 목자적인 삶의 자세가 있었기에 하나님은 더욱 큰 자리를 맡겨 주었다. 이때 다윗은 그 자리를 영광스럽게 했다.

> 하나님은 다윗을 양 우리에서 불러내시고, 그의 종으로 택하셨습니다. 하나님은 다윗을 양을 지키는 중에서 불러내어 자기의 백성인 야곱의 목자로, 자기의 기업인 이스라엘의 목자로 삼으셨습니다. 그러자 다윗은 순전한 마음으로 그들을 잘 길렀고, 능숙한 솜씨로 그들을 잘 인도하였습니다. (시 78:70-72)

2. 왕으로 선택 받음

삼상 16:11-12

그리고 나서 사무엘이 이새에게 물었습니다. "여기에 있는 아들이 전부요?" 이새가 대답했습니다. "막내 아들이 더 있습니다. 그 아이는 밖에서 양들을 돌보고 있습니다." 사무엘이 말했습니다. "그 아이를 불러 오시오. 그 아이가 오기 전까지 식탁에 앉지 않겠소." 그리하여 이새는 사람을 보내어 자기 막내 아들을 불러 오게 하였습니다. 이새의 막내 아들은 살결이 불그스레하고 눈이 빛나는 잘생긴 소년이었습니다. 여호와께서 사무엘에게 말씀하셨습니다. "자! 바로 이 소년이다. 일어나 그에게 기름을 부어라."

왕으로 선택 받음

사무엘상 16-17장

✿

소년 다윗의 시대에 이스라엘은 영적으로 혼돈과 무질서의 상태였다. 선택받은 백성들은 하나님의 이름을 더 이상 부르지도 않았고, 그 율법을 지키지도 않았다. 모든 사람들이 자신의 의지와 생각을 따라 살았다. 엘리 아들들의 행동을 보면 제사장들이 얼마나 하나님을 조롱하였는지 알 수 있다.

> "얘들아, 그러면 안 된다. 너희들에 대한 소문이 좋지 않다. 너희가 이 백성에게 죄를 짓게 만드는구나. 다른 사람에게 죄를 지으면 하나님께서 도와주실 수 있으나, 여호와께 죄를 지으면 누가 구해 줄 수 있겠느냐?" 그러나 엘리의 아들들은 아버지의 말을 들으려 하지 않았습니다. 그것은 이미 여호와께서 그들을 죽이려고 결심하셨기 때문입니다. (삼상 2:24,25)

하나님께서 사울을 왕으로 삼은 것을 후회 할 정도로 이스라엘은 하나님을 거절하고 멸시하였다. 더 두려운 사실은 하나님의 성막이 야르의 들판에 있다는 사실이다.

> 야곱의 전능하신 하나님의 집을 찾을 때까지 잠을 자지 않겠습니다. 우리는 에브라다에 그런 장소가 있다는 것을 들었습니다. 야르의 들판에 있는 그 곳을 발견했습니다. (시 132:5,6)

이렇게까지 하나님을 무시하고 멸시하는 이스라엘이 심판을 받는 것은 당연하다. 어떻게 거룩한 하나님의 성막이 아무도 없는 들판에 버려질 수 있었는가! 성막을 버리고 아무도 찾지 않는 것은, 여호와 하나님을 버리고 찾지 않는 것과 동일하다.

그러나 언제나 하나님의 사랑이 이스라엘을 찾고 있었다. 비록 이들의 죄로 인해서 심판과 고통이 찾아 왔고, 하나님의 공의를 만족시키기 위해서 죄에 대한 심판이 임했지만, 하나님은 언제나 이스라엘을 기다리고 있었다. 죄가 넘치면 하나님의 은혜 역시 넘쳐나게 된다. 한나의 기도를 통해 죄의 어둠에도 빛을 비추는 하나님의 은혜를 보게 된다.

> 여호와께서는 내 마음에 기쁨이 넘치게 해 주셨습니다. 나는 여호와 안에서 매우 강해졌습니다. 나는 원수들 앞에서 웃을 수 있게 되었습니다. 여호와께서 나를 도우셨으니 나는 기쁩니다. 여호와와 같이 거룩하신 분은 없습니다. 여호와 외에는 다른 신이 없습니다. 우리 하나님과 같이 든든한 분도 없습니다. 거만한 자들아! 다시는 자랑하지 마라. 너의 입에서 다시는 거만한 말을 뱉지 마라. 여호와께서는 모든 것을 아시는 하나님이시라네. 여호와께서는 너의 행동을 심판하신다. (삼상 2:1-3)

하나님은 진실한 믿음을 가진 사람을 실망시키지 않는다. 비록 그 때를 알 수는 없지만 분명 하나님은 자신의 때에 간절한 기도와 신실한 믿음을 가진 자를 만족시킨다. 지금 한나의 기도는 이 시대를 사는 우리에게 큰 희망과 용기를 준다. 세상을 보면 희망은 없고 절망과 좌절, 고통과 고난만이 보인다.

그러나 믿음은 이것들 너머에 있는 전능한 하나님을 보게 한다. 하나님은 모든 일을 자신의 뜻대로 행하는 분이며, 백성에게 약속하는 분이다. 바로 믿음이 하나님의 이 약속을 바라보게 한다.

> 여호와께서 원수들에게 그들이 한 일대로 갚으시며, 적에게 보복하신다. 바닷가 땅의 백성을 심판하시며, 그들이 행한 대로 벌을 주신다. 서쪽 사람들이 여호와의 이름을 두려워하며, 해 뜨는 동쪽 사람들이 여호와의 영광을 두려워한다. 여호와께서 여호와의 입김 때문에 세차게 흐르는 홍수처럼 오실 것이다. (사 59:18,19)

믿음의 사람은 바로 이 약속을 의지하고 바라보아야 한다. 믿음을 통해서 하나님이 허락한 충만한 은혜를 가져야 한다.

하나님은 한나의 간절한 기도를 들었고, 사무엘을 주었다. 다윗도 마찬가지이다. 믿음의 사람들의 간절한 기도가 있었기에 하나님께서 다윗을 보낸 것이다. 하나님은 언제나 우리의 기도와 간구를 듣고 있다. 세상 사람들이 조롱하는 것처럼 하나님의 귀는 어두워지지 않았다. 하나님은 자신의 마음에 합당한 사람을 찾아내고, 그 사람을 통해서 일한다. 다윗을 선택하고 기름 부은 것은, 이렇게 어두워지고 저주받아야 하는 시대에도 역사하는 하나님의 능력을 나타낸 것이다. 아브라함 때부터 하나님의 관심은 그리스도가 태어날 백성에게 있었으며,

이제 하나님은 다윗을 통해 그리스도가 나올 육신적인 혈통을 세우기 시작한다. 다윗은 그리스도의 모형이며 혈통적인 조상이기 때문에 하나님은 특별하게 기름 부어 왕으로 삼았다. 이제 이스라엘은 다윗의 혈통을 이어 가게 되었다. 다윗이 기름 부음을 받은 것은 그리스도에게 동일하게 나타났다. 성경은 다윗과 그리스도가 동일하게 하나님의 기름 부음을 받았다고 말하고 있다.

> 한번은 주께서 환상 가운데 말씀하셨습니다. 주의 충성스런 자들에게 말씀하신 것입니다. 내가 한 젊은 용사에게 힘을 주었고, 내 백성 가운데서 한 청년을 택하여 왕을 세웠다. 내 종 다윗을 찾아 그에게 거룩한 기름을 부어 왕으로 삼았다. (시 89:20)

하나님은 다윗을 통해 그리스도의 혈통을 세웠고, 그에게 기름 부은 것처럼 예수에게도 성령을 부어주었다. 다윗은 베들레헴에서 태어났고, 이름의 의미는 '하나님이 사랑하는 자' 라는 뜻이다. 이 모든 일들이 하나님의 섭리를 따라 일어났다. 다윗은 불그스레하고 눈이 빛나는 잘생긴 소년이었다.

이것은 죄인들에게는 가장 아름다운 예수 그리스도를 표현하는 말이다. 어린 시절 다윗이 목동이 된 것은, 하나님이 선택한 자들을 돌보고 구원하는 그리스도의 특별한 사역을 나타낸다. 다윗이 자신의 양떼를 위해서 목숨을 아끼지 않고 돌본 것은, 그리스도께서 자신의 백성을 위해서 목숨을 버린 것을 보여준다. 다윗이 영광의 왕이 되기 이전에 수없이 많은 고난과 고통, 사울로부터 생명의 위협을 받은 것은, 그리스도께서 하나님의 영광을 입기 전에 그가 당해야 했던 저주와 고통, 십자가의 죽음을 의미한다. 어린나이에도 다윗이 골리앗을 죽인 것은, 그리스도께서 자신의 백성을 위하여 원수들과 싸우며 승리하는 것을 증명한다.

이 모든 일중에서 관심을 기울여야 하는 것은, 다윗이 기름 부음을 받은 사건이다. 그리스도라는 말이 '기름 부음을 받다' 라는 뜻이기 때문에, 유일하게 기름 부음을 받아 왕이 된 다윗을 통해, 다가올 영원한 왕 예수 그리스도를 미리 보여 주고 있다. 성경에는 다윗 이외에도 두 명의 사람이 더 기름 부음을 받았다. 초기 제사장 아론, 선지자 엘리사가 동일하게 기름 부음을 받았다. 이들은 그리스도가 가지는 세 가지 직분을 말한다. 왕이며 선지자이며 제사장인 예수 그리스도에 대한 직분적 예시이다. 하나님은 구약시대의 일들을 통해서 예수께서 오기 전부터 충분한 모형을 보여 주었다. 우리는 다윗이 세 번 기름부음을 받은 것에 관심을 가져야 한다. 첫 번째는 자신의 집 베들레헴에서이다.

> 사무엘은 올리브기름이 든 그릇을 가지고 형제들이 보는 앞에서 이새의 막내아들에게 기름을 부었습니다. 그 날부터 여호와의 영이 큰 힘으로 다윗에게 들어갔습니다. (삼상 16:13)

두 번째는 유다 사람들이 주었다.

> 그 때에 유다 사람들이 헤브론으로 왔습니다. 그들은 다윗에게 기름을 부어 유다 왕으로 세웠습니다. (삼하2:4)

세 번째는 이스라엘의 모든 장로들이 주었다.

> 이스라엘의 모든 장로들은 헤브론에 있던 다윗에게 왔습니다. 헤브론에서 다윗은 여호와 앞에서 그들과 언약을 맺었습니다. 그리고 그들은 다윗에게 기름을 부어 다윗을 이스라엘의 왕으로 삼았습니다. (삼하 5:3)

다윗이 이렇게 기름 부음을 받은 것처럼, 예수 그리스도도 영원한 왕이 되기 위해 동일한 은혜를 받았다. 마리아가 성령으로 잉태하여 - 세상의 죄인들이 태어나는 것과 다른 방식- 하나님에 의해서 미리 구별되고 약속되어서 태어났다.

이후 세상에서의 사역을 위해서 하나님은 기름을 부어주었다.

> 하나님께서는 나사렛 사람인 예수님에게 성령과 능력으로 기름 부으셨습니다. (행 10:38)

마지막으로 십자가에서 죽고 승천 할 때 하나님은 거룩한 기름을 부어주었다.

> 오 하나님, 주의 보좌는 영원히 있을 것입니다. 주께서 정의의 지휘봉으로 주의 왕국을 다스리실 것입니다. 왕은 옳은 것을 사랑하시고, 못된 행위들을 미워하십니다. 그래서 하나님은 왕의 모든 친구들보다 왕을 더 높이 세우시고 기쁨의 향유를 부으셨습니다. (시 45:6,7)

다윗은 사무엘에 의해서 기름 부음으로 왕이 될 자격을 갖추었다. 그러나 이후 그는 쉽게 왕이 되지 못했다. 오랜 시간 절망과 좌절, 슬픔과 탄식 속에서 살아야 했다. 숨을 쉴 수 없을 정도로 어려움이 다윗을 몰아쳤다. 동일하게 다윗의 육신적인 혈통인 예수 그리스도의 생애도 수없이 많은 고통의 연속이었다. 이처럼 다윗은 그리스도의 모형이다. 여기서 하나님의 약속을 받고 고난당한 구약의 인물들을 살펴보면, 아브라함이 대표적인 인물이다. 하나님은 어느 날 아브라함에게 너로 큰 민족을 이루고 복을 주며, 너를 통해서 이 땅의 모든 사람이 복을 받을 것이라고 말했다. 그러나 30년이 넘는 세월동안 아무런 일도 일어나지 않았다. 다윗도 왕이 되기 이전에 사울로부터 오랜 시간동안 고난을 당했다. 많은 시련과 고통이 다윗으로 하여금 믿음의 인내를 하게 했다. 그러나 다윗은 고통, 핍박, 이유 없는 저주 속에서도 하나님을 찬양했다.

> 내가 여호와를 기다리고 또 기다렸습니다. 주님께서 나를 돌아보시고, 나의 부르짖음을 들으셨습니다. 주님께서 나를 질퍽거리는 구렁텅이에서 끄집어내시고 진흙 수렁에서 꺼내 주셨습니다. 주님께서 나를 바위 위에 세우시고 굳건한 곳에 설 수 있도록 인도하셨습니다. (시 40:1,2)

하나님의 선택을 받은 그리스도인이 성령을 받으면 영광스런 하나님을 볼 수 있다. 그러나 그 이전에 수많은 고난과 고통이 다가온다. 하나님의 영광에 참여하기 위해서는 고난과 고통을 받아야 한다.

> 제자들을 격려하고, 믿음 안에 머물러 있으라고 권했습니다. 그리고 하나님 나라에 들어가려면 많은 고난을 겪어야 한다고 말했습니다. (행 14:22)

또한 다윗은 많은 시편을 통해서 하나님을 찬양했다. 이것은 이해하기 힘든 일이기도 하다. 그렇게 오랜 시간동안 연단을 받았는데, 어떻게 시편을 통해서 하나님을 찬양할 수 있는지! 하나님은 그리스도께서 오기 전부터 다윗의 시편 찬양을 통해서 구원자를 찬양했다. 다윗은 예언하는 영을 받았으며 성경은 그를 선지자로 불렀다.

> 다윗은 예언자여서 하나님께서 맹세로 약속하신 이 내용이 무엇을 가리키는지 잘 알고 있었습니다. 다윗은 이 내용을 미리 알고서 그리스도의 부활에 대해 이렇게 말했습니다. 그분은 무덤에 계속 머물러 있지 않았고, 그분의 몸은 썩지 않았다. 이 말씀대로 하나님께서는 예수님을 다시 살리셨습니다. 우리 모두가 이 일의 증인입니다. (행 2:30-32)

다윗의 시편에는 그리스도에 대한 예언이 많이 있다. 그리스도의 성육신, 죽음, 부활, 승천이 분명하게 나타나며, 그리스도의 제사장이며 왕, 선지자의 직분에 대한 찬양도 있다. 이처럼 예언자 다윗은 시편을 통해서 미래의 그리스도를 찬양하고 예언하고 있다. 우리는 다윗을 통해서 그리스도를 보며, 그가 당한 고통과 고난을 보면서 미래의 예수께서 겪어야 했던 고통을 알게 된다. 또한 다윗이 왕이 되는 영광스러운 순간을 보며, 영원한 영광의 왕이 우리를 다스리며 통치하기를 기대한다.

3. 왕의 첫 승리,

골리앗을 죽이다!

삼상 17:42-50

골리앗은 다윗을 바라보았습니다. 골리앗은 다윗이 살결이 불그스레하고 잘생긴 어린 아이라는 것을 알았습니다. 골리앗은 불쾌한 표정으로 다윗을 내려다보았습니다. 골리앗이 다윗에게 말했습니다. "막대기를 가지고 오다니 너는 내가 개인 줄 아느냐?" 골리앗은 자기 신들의 이름을 들먹이며 다윗을 저주하였습니다. 골리앗이 다윗에게 말했습니다. "이리 오너라. 내가 네 몸을 공중의 새와 들짐승들에게 먹이로 줄 것이다." 다윗이 골리앗에게 말했습니다. "너는 나에게 칼과 큰 창과 작은 창을 가지고 나아오지만, 나는 만군의 여호와의 이름으로 너에게 간다. 여호와는 이스라엘 군대의 하나님이시다. 너는 여호와께 욕을 했다. 오늘 여호와께서는 너를 나에게 주실 것이다. 나는 너를 죽여 너의 머리를 벨 것이며, 블레셋 군인들의 몸을 공중의 새와 들짐승들에게 먹이로 줄 것이다. 그렇게 하여 이스라엘에 하나님이 계시다는 것을 온 세상이 알게 할 것이다.

여기 모인 모든 사람들에게 여호와께서는 자기 백성을 구하시기 위하여 칼이나 창을 쓰실 필요가 없다는 것을 알게 할 것이다. 싸움은 여호와의 것이다. 하나님께서 우리가 너희 모두를 물리쳐 이기도록 도와 주실 것이다." 골리앗이 다윗을 공격하기 위하여 가까이 왔을 때, 다윗도 재빨리 골리앗을 향해 달려갔습니다. 다윗은 자기 주머니에서 돌 하나를 꺼내어 물매에 올려 놓은 다음, 물매로 돌을 던졌습니다. 돌이 날아가 블레셋 사람의 이마를 맞혔습니다. 골리앗은 앞으로 고꾸라졌습니다. 이처럼 다윗은 물매와 돌 하나만 가지고 블레셋 사람을 물리쳐 이겼습니다. 다윗은 그 사람을 돌로 맞혀 죽였습니다. 다윗은 손에 칼도 가지고 있지 않았습니다.

왕의 첫 승리

사무엘상 17장

✿

사울은 하나님의 명령에 순종하지 않았다. 사무엘은 사울의 죄악을 지적했고 그의 왕권이 오래가지 못할 것을 알았다.

> 하지만 당신의 나라는 이제 이어지지 않을 것이오. 여호와께서는 자기 마음에 드는 사람을 찾아 내셨소. 여호와께서는 그 사람을 자기 백성의 통치자로 임명하셨소. 여호와께서 그렇게 하신 것은 당신이 여호와의 명령에 순종하지 않았기 때문이오. (삼상 13:14)

후에 사도 바울 역시 안디옥에서 설교 할 때 이 사실을 말했다.

> 그 후, 하나님께서는 사울을 물리치시고 다윗을 그들의 왕으로 삼으셨습니다. 하나님께서는 다윗에 대해 내가 이새의 아들 다윗을 보니, 그는 내 마음에 드는 사람이다. 그가 내 뜻을 다 이룰 것이라고 말씀하셨습니다. (행 13:22)

이 말은 다윗이 가진 성품을 잘 표현했다. 다윗은 평생을 사는 동안 하나님 앞에서 겸손했지만 사울은 실패했다. 우리가 존경하고 기억하는 믿음의 조상들은 다윗과 같이 겸손한 성품을 가졌으며 언제나 하나님의 뜻과 말씀을 기억하고 순종했다.

위의 말씀을 통해서 하나님 뜻에 합당한 사람이 누구인지 알게 된다. 이들은 먼저 하나님의 영광을 구하고 자신의 영광을 구하지 않으며 모든 일에 앞서서 하나님의 영광을 제일 앞에 놓는다. 이 구절은 다윗의 성품을 잘 나타낸다.

> 다윗은 사울이 있는 곳과 베들레헴 사이를 왔다 갔다 하고 있었습니다. 다윗은 베들레헴에서 자기 아버지의 양 떼를 치고 있었습니다. (삼상 17:15)

앞으로 자신이 왕이 될 것을 알고 있었지만 다윗은 궁과 베들레헴을 오고가며 양을 치는 일을 게을리 하지 않았다. 다른 이들 같으면 궁궐에 남아 있고자 갖은 계략과 방법을 생각했겠지만 다윗은 그렇게 하지 않았다. 다양한 방법으로 사람의 마음을 유혹하고 인간적인 모든 방법을 동원하여 자신의 위치를 굳건하게 하고자 했을 것이다. 이것은 인간이 가진 당연한 죄악의 본성이다. 그러나 다윗은 자연스러운 방법을 거부했다. 하나님이 원하는 뜻을 이루기 위해서 궁궐을 떠나 양치는 일을 하였다. 다윗은 먼저 욕심을 구하지 않았다. 분명 사울과는 대조를 이룬다. 궁궐의 화려함과 부요함, 편안함, 권력이 가지는 힘에 빠질 수 있었음에도, 다윗은 다시 돌아와 양치는 일을 하였다.

> 블레셋 사람들이 전쟁을 하기 위해 군대를 모았습니다. 블레셋 사람들은

유다 땅 소고에 모여서 소고와 아세가 사이에 있는 에베스담밈에 진을 쳤습니다. (삼상 17:1)

블레셋 사람이 전쟁을 위해 모인 이유는 두 가지다. 첫째 사무엘이 사울을 버렸다는 소문이며 둘째 악신이 사울을 계속해서 괴롭히고 있다는 소문이다. 블레셋은 이렇게 좋은 기회를 놓치고 싶지 않았다. 이처럼 사단은 언제나 그리스도인을 공격 할 수 있다는 것을 알아야 한다. 사단은 언제나 우는 사자와 같이 우리를 지켜보고 있다. 원수들이 기다리는 것은 하나님의 성령을 거스른 행동이다. 이러한 죄 된 행동으로 성령이 떠나면 이제 사단이 공격을 시작한다. 그러나 하나님은 선택 받은 백성을 버리지 않는다. 이러한 죄악에도 언제나 마지막에는 하나님에 대한 찬양으로 맺게 한다. 처음에는 죄가 승리하는 것처럼 보이나 마지막의 승리는 하나님이다.

사울과 이스라엘 사람들도 엘라 골짜기에 모여 진을 쳤습니다. 이스라엘 사람들은 블레셋 사람들과 싸울 대형을 갖췄습니다. (삼상 17:2)

잠시 동안 사울은 악신에게서 자유 함을 얻었지만 악신이 떠났다고 해서 바로 성령이 함께 하는 것은 아니다. 이 사실은 계속해서 이어지는 사건을 통해서 알 수 있다. 사울은 악신으로 완전히 지쳤으며 왕의 군대는 싸울 힘이 없었다.

블레셋 사람들에게는 골리앗이라는 한 대장이 있었습니다. 그 사람은 가드 사람이었고, 키는 육 규빗 한 뼘 가량 되었습니다. 머리에 놋으로 만든 투구를 쓰고, 놋으로 만든 갑옷을 입고 있었는데, 그 갑옷의 무게가 오천 세겔 가량 되었습니다. 다리에도 놋으로 만든 보호대를 대고 있었으며, 등에는 작은 놋창을 메고 있었습니다. 그 사람이 가지고 있는 큰 창의 나무 부분은 베틀 채만큼 컸습니다. 그리고 그 창날의 무게는 육백 세겔 가량 되었습니다. 그 사람의 커다란 방패를 든 부하가 그 사람 앞에 걸어 나왔습니다. 골리앗이 서서 이스라엘 군인들에게 소리를 질렀습니다. "너희는 어찌하여 싸울 대형을 갖추고 있느냐? 나는 블레셋 사람이고, 너희는 사울의 종들이다. 한 사람을 뽑아 나에게 보내어 싸우게 하여라. 만약 누구든지 나를 죽일 수 있다면, 우리가 너희들의 종이 되겠다. 그러나 내가 그 사람을 죽이면, 너희가 우리의 종이 되어야 한다." 골리앗은 또 이렇게 말하였습니다. "오늘 내가 너희 이스라엘 군대를 이렇게 조롱하는데 나와 싸울 놈이 없단 말이냐?" 사울과 이스라엘 사람들은 이 블레셋 사람의 말을 듣고 무서워서 벌벌 떨었습니다. (삼상 17:4-11)

이 구절은 민수기, 여호수아서의 말씀과 연결해서 생각해야 한다. 먼저 민수기 13장에는 여리고성을 정탐한 사람의 이야기가 나온다. 이들은 성을 탐색한 이후에 절망하고 좌절했다.

그 사람들은 자기들이 정탐한 땅에 대해 이스라엘 백성에게 나쁜 소식을 전해 주었습니다. 그들이 말했습니다. "그 땅은 우리를 삼키고 말 것입니다. 우리가 봤던 사람들 모두 키가 매우 컸습니다. 우리는 그 곳에서 네피림 백성도 보았습니다. 아낙 자손은 네피림 백성의 자손일 것입니다. 그들은 거인이었습니다. 우리는 스스로 보기에도 메뚜기 같았고, 그들에게도 메뚜기 같아 보였을 것입니다." (민 13:32,33)

민수기와 여호수아서 11장 21,22절을 연결해서 읽어보면 골리앗이 가드 사람이라는 것을 가르쳐준다.

여호수아는 헤브론, 드빌, 아납, 유다, 그리고 이스라엘에 사는 아낙 사람들과 싸워 그들과 그들의 마을을 완전히 멸망시켰습니다. 아낙 사람 중 이스라엘 사람들의 땅에서 살아남은 자는 아무도 없었습니다. 단지 가사와 가드와 아스돗에서 몇 명만이 살아남았을 뿐이었습니다. (수 11:21.22)

민수기와 여호수아서는 가사와 가드와 아스돗에서 몇 명만이 살아남았다고 한다.

분명 성경은 골리앗을 이스라엘과 하나님의 원수로 말한다. 골리앗은 사단의 모형이라 할 수 있다. 언제나 사단은 그리스도인을 겁주고 모욕하며 실망시키고자 한다. 이러한 모습이 지금 골리앗의 모습이다. 그의 키는 대단히 컸다. 이것은 사단이 가진 외형적인 힘을 상징한다. 그의 갑옷은 너무나 단단해 보여서 도저히 육체적인 힘으로는 이길 수 없는 것처럼 보인다. 그가 이스라엘을 향해서 지르는 소리는 마치 우는 사자의 소리와 같다. 골리앗의 이런 모습은 사단의 모습이다. 사단은 언제나 우리를 넘어트리기 위해 돌아다닌다.

마음을 강하게 하고 늘 주의하십시오. 원수 마귀가 배고파 으르렁거리는 사자처럼 먹이를 찾아 돌아다니고 있습니다. (벧전 5:8)

“너희는 사울의 종들이다.” 골리앗 역시 사울이 하나님께 버림받았다는 사실을 알았다. 그래서 이스라엘을 하나님의 백성이라 하지 않고 사울의 종들이라고 말한다. 사울은 더 이상 하나님께 복종하지 않았다. 지금 사울이 가진 두려움은 이전의 11장 5-11, 14장 47절에 나오는 것과 대조를 이룬다.

사울과 이스라엘 사람들은 이 블레셋 사람의 말을 듣고 무서워서 벌벌 떨었습니다. (삼상17:11)

이들이 이제는 하나님을 두려워하지 않고 골리앗의 말을 두려워했다. 이것은 이들이 더 이상 하나님의 백성이 아니라는 것이다. 그러나 알아야 할 것은 바로 이 시기가 하나님의 영웅이 등장 할 기회이다. 골리앗은 계속해서 40일 동안 하루에 두 번 이스라엘 군대를 조롱하였다. 지금 골리앗은 큰 경고를 주고 있다. 만약 성도가 하나님을 떠나 죄악 가운데 있으면 이렇게 비웃음과 조롱의 대상이 된다. 하나님과의 교제를 멀리하거나 떠나 있으면 아무런 능력이 없게 된다. 하나님의 영이 떠난 사울은 무능한 왕이 되었다. 성경은 사울을 이렇게 묘사한다.

기스에게는 사울이라는 아들이 있었는데, 사울은 잘생긴 젊은이였습니다. 이스라엘 사람 중에 사울처럼 잘생긴 사람은 없었습니다. 사울은 이스라엘의 어느 누구보다도 키가 컸습니다. (삼상 9:2)

사울의 아들 요나단도 전쟁터에서 블레셋 20명을 죽일 정도로 용감한 장수였다. 그리고 그의 장수 아브넬도 있었지만 이들은 골리앗의 조롱에 아무런 대책을 세우지 못했다. 명심할 것은 아무리 힘과 능력이 있고 용감한 군사라도 하나님이 거부하면 끝이라는 사실이다. 하나님께서 사용하기를 거부하는 순간 아무것도 할 수 없게 되며 하나님께서 용사에게 힘과 용기를 주지 않으면 비겁한 겁쟁이가 된다. 겁쟁이가 되는 것은 하나님을 잃어 버렸기 때문이다. 거룩한 교제를 잃어버린 자는 겁쟁이가 되지만 하나님의 의를 힘입은 사람은 담대하게 된다.

우리의 궁핍과 절망은 하나님에게 큰 기회가 되지만 겸손해지지 않으면 하나님은 가만히 보고 있다. 하나님은 고난 가운데 빠진 우리에게 은혜를 베풀기 위해 기다리고 있다. 궁핍함 가운데 있을수록 무능함을 알게 되며 무능함이 깊어지면 질수록 구원의 능력은 더욱 커져 가며, 하나님의 은혜는 더욱 분명해진다. 내가 변명 할 수 없는 능력으로 도움의 손길을 허락한다. 하나님은 이렇게 역사하며 언제나 먼저 기다린다. 골리앗의 조롱에 아무도 대적하지 못하고 두려움에 떨었다. 이스라엘 군대 중에 누구도 골리앗과 싸우려고 하지 않았다. 그러나 이때 하나님의 시간이 되면 준비한 사람을 불러일으키며 그의 이름을 영광스럽게 한다. 역설적으로 생각하면 하나님이 세운 사람은 상식으로는 이해되지 않으며 전투에 참여한 군인이 보면 어리석은 방법을 사용하는 것 같다. 그래서 그 일을 감당하기에는 불가능해 보이지만 하나님은 언제나 약한 것을 사용한다. 하나님은 분명 약하고 어리석은 자를 사용한다.

왜 이렇게 해야만 하는가? 아무 육체도 하나님 앞에 자랑하지 못하게 하기 위해서며 자신의 거룩한 영광을 위해서다. 다윗이 골리앗으로부터 위대한 승리를 이루기 전에 하나님은 그를 훈련시켰다. 다윗이 하나님을 향한 굳건한 믿음과 교제를 가지게 된 것은 화려한 궁궐을 떠난 목동의 삶에서였다. 들판에서 하나님의 능력을 힘입어 양을 지키며 사자와 곰을 죽일 수 있었다. 이것이 사용하고자 하는 사람을 아주 은밀하며 철저하게 교육하는 하나님의 치밀한 교육 방식이다. 실패하는 원인은 우리가 하나님의 방식을 이해하지 못하기 때문이며 거룩한 하나님의 은밀한 곳까지 가지 못하기 때문이다. 바로 이것이 우리에게 필요한 일이지만 하나님을 향한 마음을 살펴보면 하나님과의 교제를 특권이라고 생각하지 않는다. 대부분의 사람들이 이렇게 생각하며 하나님과 함께 하는 것이 힘의 근원이라는 것을 믿지 않는다.

그러나 다윗은 달랐다. 그는 조용하며 황량한 곳에서 하나님과 충분하게 영적인 교제를 나누었다. 하나님의 도움을 받고자 한다면 반드시 이러한 시간이 필요하다. 이것이 전쟁에서 승리하는 방식이다. 우리의 기도하는 골방이 영적인 전쟁터라는 사실을 인정해야 한다. 매일 골방에서 기도하며 하나님과 교제하는 것은 자기의 무능함을 인정하는 것이며 매일 십자가 앞에 죽는 것이다. 골방에서 기도할 때 우리의 지식은 허무한 것이 되며 하나님처럼 높아지려는 교만한 마음을 버리게 된다. 그래서 모든 것을 다 사로잡아 하나님 앞에 복종하게 된다.

> 하나님을 아는 지식에 대항하는 온갖 교만한 생각들을 물리쳐, 모든 생각들을 사로잡아 그리스도께 복종시킵니다. (고후 10:5)

하나님을 아는 지식에 대항하는 온갖 교만한 생각들은 우리의 원수며 이것과 싸워 이긴다면 하나님께서 원하는 공적인 일을 할 수 있다. 먼저 알아야 할 것은 성령을 통해서 어떤 일을 하기 전에는, 반드시 하나님의 거룩한 얼굴 앞에 먼저 나와야 한다는 것이다. 우리가 성공할 수 있는가? 실패하는가? 하는 문제는 누가 먼저 오랜 시간 하나님과 보내는 것으로 결정된다.

이새가 자기 아들 다윗에게 말하였습니다. "이 볶은 곡식 한 에바와 빵 열 덩이를 진에 있는 네 형들에게 갖다 주어라. 또 이 치즈 열 덩이도 가지고 가서, 네 형들의 천부장에게 주어라. 그리고 네 형들이 어떻게 지내는지 알아보아라. 형들이 모두 잘 있다는 증거가 될 만한 것을 나에게 가지고 오너라." (삼상 17:17,18)

하나님께서는 다윗을 통해 구원자 되는 예수의 아름다운 모습을 나타냈다. 다윗은 아버지와 형제의 평안함을 위해서 일했다. 창세기 37장 13, 14절에 이와 동일한 일을 본다. 이 구절을 살펴보기 전에 하나님께서 자신의 계획을 어떻게 이루어 가는지 알아야 한다. 이새에게는 여덟 명의 아들이 있었다. 아들 가운데 세 명이 전쟁터에 나가 있다. 이새에게는 긴 여행을 할 수 있는 다섯 명의 건장한 아들이 있었지만 어린 막내 다윗을 선택하여 전쟁터에 보냈다. 지금 하나님께서는 이새를 사용하고 있다. 세상에서 일어나는 모든 일은 하나님의 거룩한 뜻에 의해서 일어나며 어느 것 하나라도 우연한 것은 없다. 모든 일이 전능한 하나님의 허락과 은혜 아래서 일어난다.

다음 날, 다윗은 아침 일찍 일어나 다른 목동에게 양 떼를 맡겼습니다. 다윗은 음식을 가지고 이새가 말한 대로 집을 떠났습니다. 다윗이 진에 도착했을 때, 이스라엘 군대는 자기 진을 떠나서 싸움터로 나아가 함성을 지르고 있었습니다. (삼상 17:20)

다윗은 언제나 아버지의 명령에 순종했으며, 즐거운 마음으로 따랐다. 다윗이 아버지의 말에 순종하는 모습은, 마치 구원자 되는 예수께서 죽기까지 순종한 모습을 떠오르게 한다.

그 때, 내가 말하기를 하나님, 보십시오. 나에 관해 율법 책에 기록된 대로 하나님께서 내게 원하시는 일을 하러 왔습니다. (히 10:7)

예수는 이처럼 온전하게 순종했다. 다윗은 아버지의 명령을 따라서 출발하기 전에 양떼를 다른 사람에게 맡겼다. 이처럼 다윗은 목사의 마음을 가졌으며 양떼를 버리지 않고 돌보는 목자였다. 다윗은 양을 다른 사람에게 맡겼다. 자신의 일에 대해서 깊은 생각과 관심, 집중을 가지고 있었다. 그는 신실한 성품을 가진 자였으며 이처럼 작은 일에도 충성을 다하는 모습과 신실함이 앞으로 큰일을 이루는 중요한 원인이 되었다. 어떤 일에 명령을 할 수 있는 사람은 먼저 명령을 받는 일에 순종하는 사람이 되어야 한다. 하나님은 가장 적절한 때에 다윗을 전쟁터로 보냈다. 40일 동안 두 민족은 서로 대치하고 있었다.

이새는 전쟁이 이처럼 긴장되어 있는지 알지 못했기에 긴장이 최고점에 이른 시기에 전쟁터에 다윗을 보냈다. 하나님이 일하는 방법은 아무도 알지 못하며 하나님의 지혜가 모든 시기를 결정한다. 하나님의 지혜는 자신의 민족을 돌본다. 이 모든 것이 이스라엘과 다윗의 승리를 위해 준비된 일이다.

또한 자신의 마음에 합당한 다윗을 보낸 것은 하나님이 모든 것을 주관하고 있다는 증거다. 다윗은 먼 길을 돌아서 전쟁터로 왔다. 먼저 쉬는 것이 아니라 형들을 찾아 문안하였다.

> 다윗은 자기가 가지고 온 음식을 짐 맡은 사람에게 맡기고, 싸움터로 나아가 형들을 만나 편안히 잘 있는지를 물었습니다. (삼상 17:22)

다윗이 형들의 안부를 묻고 있을 때, 바로 이 시간에 골리앗이 이스라엘을 조롱하기 시작했다. 이 말에 이스라엘의 온 진영은 두려움에 떨었다. 이들은 어떻게 할 줄 몰랐다. 골리앗을 죽이는 자에게 충분한 보상이 있었지만 아무도 목숨과 바꾸지 못했다. 사울이 아무리 좋은 약속을 했더라도 죽음이 이 모든 것을 무력화 시켰다. 그러나 다윗은 골리앗이 살아계신 하나님의 군대를 조롱하고 있다는 것을 알았다.

> 다윗이 군인들과 이야기하는 것을 다윗의 제일 큰형 엘리압이 들었습니다. 엘리압은 다윗에게 화를 내며 말했습니다. "넌 여기에 왜 왔니? 들에 있는 네 양들은 누구에게 맡겨 놓았니? 건방지고 잘난 체하는 아이야, 넌 지금 아무짝에도 쓸모없는 짓을 하고 있어. 넌 지금 전쟁 구경을 하려고 여기에 온 거야." (삼상 17:28)

다윗의 말에 형들은 분노하며 교만함과 마음의 완악함을 꾸짖었다. 이것은 요한복음 11장 1절에서 말하는 것과 동일하다. 예수 역시 세상에 왔을 때 사람들로부터 버림받고 아무도 영접하지 않았다.

> 태초에 말씀이 계셨습니다. 그 말씀은 하나님과 함께 계셨는데, 그 말씀은 곧 하나님이셨습니다. (요 11:1)

하나님의 사역자는 이러한 환경에 대해 준비해야 한다. 절대로 낙담하거나 절망해서는 안 되며 담대하게 이겨내야 한다. 예수께서 제자가 선생과 동일하게 되면 만족한다고 하였다. 예수께서 세상에서 버림받고 환영받지 못하며 핍박을 받았던 것처럼 제자들 역시 동일한 고통을 겪어야 한다.

> 내가 사람의 마음에 들게 하려는 것처럼 보입니까? 그렇지 않습니다. 나는 오직 하나님의 마음을 기쁘시게 하려는 것뿐입니다. 내가 사람을 기쁘게 하려고 한다면, 나는 그리스도의 종이라고 할 수 없습니다. (갈 1:10)

그리스도인은 낮고 천한 위치에 처하더라도 감사해야 한다. 그러나 불신자들은 낮고 천한 자리를 불쾌하며 빨리 도망쳐야 할 곳으로 생각한다. 우리는 이곳에 역사하는 하나님의 뜻을 알고 이해하고 가치 있게 여겨야 한다. 언제나 그리스도인은 홀로 있을 준비와 오해 받을 각오를 해야 한다.

형들의 격한 말에 다윗은 겸손한 마음을 가지고 대답한다. 변명하거나 말을 정당화 하지도 않았다. 다윗은 협박을 받을 지라도 협박으로 응답하지 않으며 이렇게 대답한다. "제가 무엇을 잘못했어요? 군인들하고 이야기한 것도 잘못인가요?" 계속해서 다윗은 자신의 생각을 말한다. "그리고 나서 다윗은 다른 사람들에게 가서 똑같은 질문을 하였습니다. 그러자 그 사람들도 먼저 사람들과 똑같이 대답했습니다." 이러한 다윗의 말이 사울의 귀에 들리게 되었다. 31절에 사울은 다윗을 데려오라고 명령한다. 사울을 보자 다윗은 이렇게 말했다.

> 다윗이 사울에게 말했습니다. "용기를 잃은 사람이 있으면 안 됩니다. 왕의 종인 제가 나가서 저 블레셋 사람과 싸우겠습니다." 그러나 사울이

> 대답했습니다. "너는 저 블레셋 사람과 싸울 수 없다. 너는 아직 어린아이일 뿐이지만, 골리앗은 젊었을 때부터 싸움을 많이 해 온 뛰어난 군인이다." (삼상 17:32, 33)

하나님의 사람은 다른 사람이 자신의 생각과 뜻을 지지하고 응원하리라고 생각해서는 안 된다. 비록 이들의 지지를 받지 못해도 부끄럽게 생각해서는 안 된다. 이들로부터 각종 모함과 불평과 위협을 받더라도 겸손하게 하나님이 허락한 일을 해야 한다.

지금 다윗이 하고 있는 말은 허풍이 아니며 하나님의 사람이 믿음으로 고백하는 말이다. 다윗이 하나님의 말을 하고 있을 때 사울과 이스라엘 사람들은 바로 눈앞에 보이는 일들로 인해서 좌절하고 있다. 그러나 어린 다윗은 하나님의 눈으로 보고 있기 때문에 골리앗을 향해 경멸의 말을 할 수 있었다. 다윗이 하나님의 사람이라는 증거는 분명하다. 이후에 그가 승리하였을 때 그는 하나님께 영광을 돌렸다. 사울은 다윗의 믿음 가득한 말을 듣지만 어리석게 대답한다.

> 사울이 다윗에게 말했습니다. "가거라. 여호와께서 너와 함께하시기를 빈다." 사울은 자기 옷을 다윗에게 입혀 주었습니다. 사울은 다윗의 머리에 놋투구를 씌워 주고, 몸에도 갑옷을 입혀 주었습니다. (삼상 17:37하, 38)

이 구절을 보면 사울이 의존하는 것은 하나님의 능력과 말씀이 아니었다. 사울은 다윗에게 갑옷과 투구를 입혔다. 사울이 의지한 것은 하나님이 아니라 놋 투구와 갑옷이었다. 그러나 다윗은 이것이 맞지 않다는 것을 알았다. 하나님과 오랜 시간을 교제한 사람은 세상적인 방법과 방식들을 사용하지 않는다. 육적인 사람, 하나님과 교제하지 않는 사람은 교회 안에서 가지는 직분과 위치와 어떤 형식을 중요하게 생각한다. 그러나 믿음의 사람은 이것을 의지하지 않고 육신적인 생각을 버린다.

> 다윗은 사울의 칼을 차고 몇 걸음 걸어 보았지만 투구와 갑옷이 거추장스러워서 걸을 수가 없었습니다. 다윗이 사울에게 말했습니다. "이 옷을 입고 갈 수 없습니다. 거추장스러워서 몸을 움직일 수가 없습니다." 다윗은 투구와 갑옷을 다 벗어 버렸습니다. (삼상 17:39)

다윗은 거추장스러운 육신의 것을 버렸다. 오직 돌 다섯 개와 물매를 가지고 블레셋으로 나갔다. 여기서 대조되는 일이 있다. 다윗은 사울이 제공한 갑옷과 투구를 버렸으나 하나님께서 허락한 돌과 물매를 무기로 삼고 전쟁터로 나아갔다. 언제나 하나님의 일에 인간의 방법과 수단을 버려야 한다.

> 골리앗은 다윗을 바라보았습니다. 골리앗은 다윗이 살결이 불그스레하고 잘생긴 어린아이라는 것을 알았습니다. 골리앗은 불쾌한 표정으로 다윗을 내려다보았습니다. (삼상 17:42)

다윗은 계속해서 조롱을 받고 있다. 엘리압이 먼저 비웃었으며 사울은 다윗의 의지를 꺾고자 했다. 지금은 골리앗이 불쾌한 표정으로 다윗을 보고 있다. 믿음으로 사는 사람은 세상에서 인기가 없으며 언제나 조롱의 대상이 된다. 진정한 믿음의 행동은 다른 사람의 위협과 협박, 조롱으로부터 무너지지 않는다. 오직 이 모든 일을 주관하고 있는 하나님으로부터 계속적인 위로를 받는다.

> 이 점에 대해 우리가 무엇이라고 말할 수 있겠습니까? 하나님께서 우리 편이시라면 누가 우리를 대적하겠습니까? (롬 8:31)

어느 누구도 우리의 대적이 되지 못하지만 믿음에는 연단이 필요하다. 자신의 믿음이 온전하며 순결하다는 증거를 보여야 하기에 연단은 항상 다가온다. 또한 믿음은 가지고만 있어서는 안 되며 보여줄 기회를 가져야 한다. 우리의 기도 가운데 "하나님, 믿음에 믿음을 더하여 주십시오."라고 기도해야 한다.

43절에 블레셋은 고함을 치면서 다윗을 저주하기 시작했다.

> 골리앗이 다윗에게 말했습니다. "막대기를 가지고 오다니 너는 내가 개인 줄 아느냐?" 골리앗은 자기 신들의 이름을 들먹이며 다윗을 저주하였습니다. (삼상 17:43)

지금 골리앗은 다윗을 찢어 죽일 기세로 말하고 있다. 그러나 다윗은 하나님이 허락하신 힘과 능력을 가지고 있었다. 하나님은 분명 다윗에게 승리를 허락했으며, 이것은 무섭고 강한 비밀 병기였다.

> 다윗이 골리앗에게 말했습니다. "너는 나에게 칼과 큰 창과 작은 창을 가지고 나아오지만, 나는 만군의 여호와의 이름으로 너에게 간다. 여호와는 이스라엘 군대의 하나님이시다. 너는 여호와께 욕을 했다." (삼상 17: 45)

여호와의 이름을 의지하는 것은 강한 군대를 가진 것 보다 큰 힘이 된다.

> 여호와의 이름은 강력한 망대 같아서 그리로 피하는 의인은 안전하다. (잠 18:10)

이후의 사건에 대해서는 잘 알 것이다.

> 오늘 여호와께서는 너를 나에게 주실 것이다. 나는 너를 죽여 너의 머리를 벨 것이며, 블레셋 군인들의 몸을 공중의 새와 들짐승들에게 먹이로 줄 것이다. 그렇게 하여 이스라엘에 하나님이 계시다는 것을 온 세상이 알게 할 것이다. (삼상 17:46)

하나님께서 블레셋을 멸절한다고 말하고 있다. 다윗에게 허락된 믿음의 돌덩어리가 크고 위대해 보이는 골리앗의 힘과 창보다 더욱 큰 힘을 보여주었다. 어떻게 작은 돌덩어리가 이겼는가? 물매로 던진 돌이 커다란 장수를 이기는 것은 불가능한 일이지만 그 불가능한 일이 실제로 일어났다. 다윗이 던진 돌은 하나님의 명령으로 던진 것이다. 이처럼 하나님의 지시와 명령에 순종했을 때 큰 일이 일어난다. 사무엘하 17장은 골리앗의 무장을 보여준다.

> 블레셋 사람들에게는 골리앗이라는 한 대장이 있었습니다. 그 사람은 가드 사람이었고, 키는 육 규빗 한 뼘 가량 되었습니다. 머리에 놋으로 만든 투구를 쓰고, 놋으로 만든 갑옷을 입고 있었는데, 그 갑옷의 무게가 오천 세겔 가량 되었습니다. 다리에도 놋으로 만든 보호대를 대고 있었으며 등에는 작은 놋창을 메고 있었습니다. 그 사람이 가지고 있는 큰 창의 나무 부분은 베틀 채만큼 컸습니다. 그리고 그 창날의 무게는 육백

세겔 가량 되었습니다. 그 사람의 커다란 방패를 든 부하가 그 사람 앞에 걸어 나왔습니다. (삼하 17:4-7)

어떤 어리석은 주석가들은 다윗의 이 승리를 의심하고 다르게 설명한다. 다윗이 던진 돌이 맞힌 것은 머리가 아니었다. 하나님의 힘으로 던진 돌이 맞힌 것은 골리앗의 이마였다. 돌이 골리앗의 이마를 맞혀서 죽은 것이 아니라, 하나님이 능력이 골리앗의 이마를 맞히고 죽인 것이다. 하나님의 능력이 조그만 돌로 하여금 한 치의 실수도 없이 이마를 맞혔고 크신 능력은 한 치의 실수도 없이 골리앗을 죽였다. 이처럼 다윗의 첫 전쟁은 하나님의 능력으로 승리하게 되었다.

4. 믿음에 실패한 왕

삼상 27:1-2

그러나 다윗은 속으로 이렇게 생각했습니다. '언젠가는 사울이 나를 잡을 것이다. 그러니 지금은 블레셋 사람들의 땅으로 도망가는 것이 제일 안전하다. 그러면 사울은 이스라엘에서 나를 찾는 일을 포기할 것이며, 나는 사울에게서 피할 수 있을 것이다.' 그리하여 다윗과 그의 부하 육백 명은 이스라엘을 떠났습니다. 그들은 가드 왕 마옥의 아들 아기스에게 갔습니다.

믿음에 실패한 왕

사무엘상 27장

✿

이 말을 듣고 사울이 다윗에게 말했습니다. "내 아들 다윗아, 너는 복을 받았다. 너는 큰일을 하며 성공할 것이다." 그런 다음에 다윗은 자기 길을 갔고, 사울도 자기 왕궁으로 돌아갔습니다. (삼상 26:25)

다윗은 사울을 떠나 자기의 길로 갔다. 이후 시간이 갈수록 자신의 환경을 돌아보았다. 지금 다윗의 문제는 하나님의 도움을 전혀 생각하지 않는 것이다. 그리스도인이 실수하는 가장 큰 원인은 고통스럽고 답답한 현실이 계속되는 동안에, 하나님을 찾지 않고 환경을 보는 것이다. 이때 믿음이 약해지고 신앙을 잃어버린다. 믿음을 잃어버리면 전에 부어주었던 하나님의 은혜를 잊어버린다. 또한 악한 세력으로 인해 두려움에 빠진다. 좀 더 나아가 하나님을 향한 마음이 흔들리며 순종을 잃고 세상적인 편리함과 안일함을 추구하기 시작하기 시작한다. 바로 이때 더 큰 고통이 파도처럼 다가온다. 이렇게 일관성 없는 다윗의 믿음을 살펴보는 것은 우리에게 큰 유익을 준다. 다윗은 현재 처해 있는 현실과 사울 왕의 계획을 생각하였다. 모든 환경과 상황이 자신에게 불리하게 돌아가는 것처럼 보였다. 지금 다윗이 두려워하는 것은 사울 왕이었다. 하나님의 거룩한 능력을 경험하였지만 눈에 보이는 사울 왕은 더 무서운 존재로 다가왔다. 그리스도인이 믿음으로 세상을 이기는 순간은 아주 특별하게 고난을 당하는 경우다. 성공한 후에 사람은 자신에 대한 확고한 믿음을 가지게 되며 명예를 얻은 후에는 교만한 마음을 가진다. 이렇게 자신에 대한 확신과 교만한 마음을 다스리지 않는다면 승리 후에 큰 어려움을 겪게 된다. 영적인 침체와 깊은 절망은 승리의 크기와 동일한 크기로 나타난다. 다윗이 이런 경우다. 다윗은 큰 승리를 거두었으나 변한 것은 아무것도 없었다. 아직도 핍박과 고난을 당하고 있으며 사울 왕은 죽지 않고 여전히 자신을 감시하고 있다. 사울을 죽일 기회가 여러 번 있었지만 다윗은 그 순간에도 하나님이 세운 종을 죽이지 않았다. 그러나 이제 그러한 것이 큰 후회로 다가온다. 이제 다윗이 앞날을 바라볼수록 두려움과 절망이 찾아 온다.

사무엘상 26장과 이후 27장을 살펴보면 유사한 점을 볼 수 있다. 하나님의 거룩한 능력과 선한 은혜를 의심하는 것은 큰 죄악이다. 세상에는 하나님을 멸시하고 모욕하는 것을 당연하게 생각하는 사람도 있다. 이런 행동을 하는 사람은 하나님의 저주를 받고 반드시 멸망하게 된다. 언제나 세상은 하나님을 조롱하고 저주한다.

그러나 이것은 하나님이 가장 싫어하는 일이다. 또한 그리스도인의 의심과 영적인 두려움을 하나님의 은혜로 오해하는 경우가 있으나 사실이 아니다. 이들은 하나님에 대한 신뢰를 잃어버린 사람이며, 다른 그리스도인을 향해 자신의 믿음 없음을 나타내고 전염시키고 끝에는 사망으로 이끈다. 교회 안에서 이런 자들을 경계해야 한다. 그러나 이러한 자들이 있다고 해서 그들을 교회 밖으로 쫓아 낼 수는 없다. 우리가 해서는 안 되는 일이 두 가지가 있다. 첫째 자신의 죄악과 실수를 아주 교묘한 말로 합리화 시키는 일이다. 이런 교훈을 전파하고 가르치는 자는 사악한 자들이다. 둘째 하나님의 선한 능력을 부정하고 의심하는 것이다. 이것은 하나님을 비웃는 큰 죄다. 그러나 이것마저 죄가 아니라고 부정하는 사람이 있다.

> 그러나 다윗은 속으로 이렇게 생각했습니다. '언젠가는 사울이 나를 잡을 것이다. 그러니 지금은 블레셋 사람들의 땅으로 도망가는 것이 제일 안전하다. 그러면 사울은 이스라엘에서 나를 찾는 일을 포기할 것이며, 나는 사울에게서 피할 수 있을 것이다.' (삼상 27:1)

하나님은 이제 다윗을 사울의 손에서 구원하고자 했다. 길고 긴 싸움의 시간을 이제는 끝내고자 했다.

이제 사울의 마지막 시간이 다가 오고 있었다. 그러나 이 결정적인 시간에 다윗은 하나님의 생각을 버리고 말았다. 이렇게 믿음의 인내를 가지고 하나님의 완전한 역사를 성취하는 것은 어려운 일이다. 다윗은 하나님께서 모든 환난에서 구원해 주기를 기도하며 소망했다. 이 기도는 그가 얼마나 하나님의 신실함을 의지하고 있는지 보여준다. 그러나 이러한 마음과 입술의 고백이 현재 자신이 당하고 있는 상황에서는 잘 입증 되지 않는다. 입술의 영적인 고백은 우리의 영적인 능력의 한계를 넘어 버린다. 다시 말하면 현실에서는 영적인 삶을 살지 못하는 경우가 많다. 우리가 가진 육체의 한계는 언제나 하나님을 실망시키기에 충분하다. "그러나 다윗은 속으로 이렇게 생각했습니다. 언젠가는 사울이 나를 잡을 것이다." 이러한 다윗의 생각은 하나님을 무시하는 결론이다. 다윗이 이렇게 무기력한 결론을 내릴 이유가 하나도 없다. 그가 아무리 위험한 곳에 있을지라도 하나님은 반드시 구해 주셨다. 많은 고통과 고난이 찾아 왔지만, 하나님은 언제나 피할 길을 허락하였다.

이전 다윗의 모습과 비교하면 지금은 다윗이 아닌 다른 사람과 같다.

> 왕의 종인 저는 사자와 곰도 죽였습니다. 할례 받지 않은 블레셋 사람인 골리앗도 제가 죽인 사자나 곰과 같은 꼴이 될 것입니다. 왜냐하면 골리앗은 살아 계신 하나님의 군대를 욕했기 때문에 죽어야 합니다. (삼상 17:36)

왜 다윗이 이전처럼 용감하게 하나님을 만나지 못하고 있는가? "여호와의 능력이 골리앗을 죽이게 했고, 도액의 계략으로부터 피하게 하신 것을 믿습니다. 이제 사울 왕의 손에서도 저를 구원하옵소서." 왜 다윗이 이렇게 기도하지 못하는가? 더욱 이해되지 않는 것은 지금 다윗이 내린 결론이 하나님의 약속과 완전히 반대되는 것이다. 다윗은 많은 증거를 가지고 있다. 어린 시절 사무엘 선지자로부터 왕이 되리라는 증거를 받았다. 그가 직접 기름을 부어 줌으로써, 왕이 되리라는 약속에 확증을 삼았다. 그런 다윗을 왜 하나님이 사울의 손으로 죽이겠는가? 다윗이 이렇게까지 절망하고 불신앙이 된 이유는 무엇인가?

첫째, 다윗은 육체의 한계를 가진 피조물에 지나지 않았다. 사람이 아무리 위대하다고 해도 육신 안에 갇힌 존재이다. 사람이 아무리 최고가 되기 위해서 노력해도 피조물에 지나지 않는다. 만일 우리가 절대로 흔들리지 않는 절대적인 믿음과 능력을 가지고 있다면 신과 동일한 존재가 될 것이다. 또한 유한한 생명을 가진 인간이 아닌 하나님처럼 절대적인 존재가 되고 싶어 할 것이다. 그러나 아무리 흔들리지 않는 믿음을 가졌다고 할지라도 사람은 유한한 존재이다. 우리의 연약함은 언제나 하나님을 절대적으로 의지하게 한다. 우리의 약함이 하나님의 절대적인 능력을 드러나게 하며, 하나님은 우리의 연약함을 사용해서 자신의 뜻을 이룬다. 이전에 다윗이 얻은 승리는 다윗의 힘으로 얻은 것이 아니다. 오로지 다윗 안에 부어준 하나님의 은혜이다. 다윗이 이 은혜를 떠나는 순간, 평범한 한 사람이 되었다. 수없이 많은 고비와 전쟁에서 승리한 위대한 다윗이 아닌 연약한 인간의 모습이 되었다.

둘째, 다윗이 당한 시련이 너무나 길었다. 지겨울 정도로 오랜 시간 생명의 위협과 고난을 당했다. 시간을 정해 놓고 짧은 시간 고난을 당한 것이 아니라, 언제 끝날지도 모르는 고통을 겪고 있었다. 목숨을 보존하기 위해 언제나 산속을 헤매어야 했다. 사람은 한 번 다가오는 시련은 잘 이겨낸다. 그러나 시련이 계속되며, 여러 가지가 한 번에 같이 다가오면 이겨내기 힘들다. 다윗이 겪은 시련이 이렇게 어려웠지만 하나님은 언제나 피할 길을 주었다. 그렇지만 그 시련의 길이는 너무 길었다. 항상 보호 받고 도망 할 수 있었지만 언제나 다윗의 원수는 그를 사냥하였다.

그는 한 순간도 편한 적이 없었다. 그알라로 도망가면 그 성의 거민들이 달려들었다. 그리고 십광야로 숨어들면, 그들이 사울에게 몰래 고발하였다. 제사장을 찾아가 도움을 청하면 도액이 사울에게 고발하였다. 엔게디나 아돌람 굴에서도 다윗의 안전을 보장 할 수 없었다. 사방이 죽이고자 했으며, 아무 곳에서도 안식을 찾을 수 없었다. 분명 매 순간 하나님이 피할 길을 주었다. 그러나 그 일도 하루 이틀이었다. 오랫동안 겪어야 하는 시련과 고통으로 지혜로운 다윗이 어리석은 사람으로 변했다. 이러한 환경이 그의 신실한 믿음을 시험하고 방해하였다.

셋째, 다윗의 마음은 사울을 죽이고 싶은 유혹으로 강하게 흔들렸다. 다윗과 아비새는 수백만의 군사가 자고 있는 지역을 넘어서, 결국 사울 왕이 잠들어 있는 곳까지 갔다. 이때 아비새가 사울을 죽이려 하자 다윗이 손을 잡아 말렸다. 결국 사울을 죽이지 못하고 같은 방법으로 군대 진영을 빠져 나왔다. 이일 이후에 다윗의 마음은 크게 흥분되었다. 엘리야가 850대 1의 싸움에서 승리한 이후에도 이와 비슷한 일이 있었다. 바알 선지자들을 죽인 후, 이세벨의 말 한마디에 자신을 죽여 달라고 하나님께 기도했다. 여기에는 다른 이유가 있다. 다윗이 하나님 앞에 죄를 지었다. 그가 육신이 약해서 죄를 범한 것이 아니라 마음으로 죄를 범한 것이다. 다윗은 자신을 지키기 위한 기도를 드렸다. 언제나 하나님의 도우심을 구했고, 기도했다. 그러나 지금 이 순간 다윗은 하나님과 대화를 나누지 않고, 자신의 마음에 밀려오는 유혹과 대화를 나누었다. 다윗은 하나님의 도움을 구하는 기도 후에, 바보스럽게 행동했다. 언제나 자신을 도와주는 하나님을 잊어버리고, 자신을 죽이려는 원수만을 생각했다. 오랜 시간 죽이려 하고 그 기운이 전혀 없어지지 않는 것을 본 후에 "내가 사울 앞에 망하게 되었도다."라고 말하였다. 여러분이 지금 고난을 당하고 있을 지라도, 하나님을 향한 믿음이 작아져서는 안 된다. 우리는 언제나 나를 지켜달라고 간구해야 한다. "하나님 내가 지금 망하게 되었습니다." 사단의 시험으로 고난받는 그리스도인들의 부르짖음이다. 내 안에 역사하는 하나님의 은혜를 보고 우리는 소망을 가진다. 구원 받기 이전에는 아무런 소망이 없었지만, 이제는 새로운 소망과 희망을 가진다. 이러한 변화는 이전의 죄 된 행동을 미워하며, 영적으로 근본적인 변화를 이끌어낸다.

하나님의 영을 소유하며, 앞에 있는 소망으로 기뻐한다. 또한 소망으로 즐거워함과 동시에 부패한 죄가 아직도 내 안에 남아 있음을 알게 된다. 그리스도인은 믿음의 삶을 살아가는 동안, 다양한 시험을 만나며 시련과 좌절을 겪게 된다. 이러한 고난과 시련은 믿음을 흔들며, 절망하게 한다. 절망과 함께 찾아오는 의심이 믿음의 삶을 흔들어 놓는다. 심한 좌절과 혹독한 시련은 성도의 마음에 믿음 대신 절망과 좌절로 가득 채운다. 믿음이 불신으로 변하고 소망이 좌절로 변한다. 이때 사단의 으르렁 거리는 소리가 우리의 귀전을 때린다. "야! 너는 하나님이 너를 버린 사실을 아직도 모르냐!" 이 소리가 들리는 순간, 절망의 깊은 바다 속으로 떨어진다.

> 그리하여 다윗과 그의 부하 육백 명은 이스라엘을 떠났습니다. 그들은 가드 왕 마옥의 아들 아기스에게 갔습니다. (삼상 27:2)

깊은 좌절과 절망 가운데 있을 때 가장 먼저 하는 일은 목숨을 지키는 일이다. 영혼의 모든 부분이 하나님께 연결되어 있지 않다면, 육신의 명령을 따르게 된다. 하나님이 일하게 하지 않고 자신의 손으로 직접 성취 하고자 하는 유혹에 빠진다. 지금 다윗의 경우가 이러하다.

지금 다윗은 눈에 보이는 일들과 주위의 환경을 통해서 알게 되는 현실에서 자신의 목숨을 지키는 방법을 찾기 시작했다. 그래서 하나님의 말씀한 방법을 잊어버리고 하나님의 방향과 반대로 움직이기 시작했다. 사무엘상 22장 5절을 보면 다윗에게 모압땅을 떠나서 유대 지방으로 가라고 명령했다. 하나님은 언제나 그가 알지 못하는 방식으로 인도하고 보호하였다. 그러나 사람이 얼마나 나약하고 불쌍한 존재인지! 지금 다윗의 모습을 보면 알 수 있다. 아무리 높고 위대하며, 하나님의 강한 은혜를 체험했다 할지라도, 계속되는 시련과 좌절, 밀려오는 불신앙 앞에서는 연약한 존재라는 사실이다. 성령 하나님께서 불신앙의 영혼에 새로운 마음과 힘을 주지 않는다면, 하나님의 부어주시는 큰 은혜가 아무런 소용이 없게 되는 것을 알게 된다. 위의 2절 말씀에 하나님의 명령을 거절한 다윗이 만나게 되는 불행한 결과를 세가지로 볼 수 있다.

첫째, 불신앙의 결과로 다윗은 하나님과 반대 방향으로 갔다. 어리석은 다윗이 되었다. 이전에 행하였던 불신앙의 행동을 이번에 다시 똑같은 방법으로 하게 된다. 어린아이들은 한번 상처를 입은 것에는 다시 똑같은 행동을 하지 않는다. 불에 덴 아이는 불을 무서워하고 피한다. 이전에 다윗은 불에 덴 상처를 가지고 있다. 그러나 그의 믿음 없음이 어리석게도 손을 불에 다시 넣는 결과를 가져왔다.

다윗은 이전에 가드왕 아기스와 함께 한 적이 있다. 그런데 문제는 그곳에 있는 블레셋 사람이 골리앗을 죽인 다윗을 알아보았다. 그는 이제 더욱더 큰 불안 가운데 휩싸였다. "블레셋 사람이 자신을 알아보다니! 사울을 피해 여기까지 왔는데!" 이후 왕으로 선택된 사람 다윗은 침을 흘리며 미친 짓을 했다. 죽음에서 벗어나기 위해, 하나님의 사람이 이렇게까지 비참해 진 것이다. 이런 행동으로 블레셋 사람들은 다윗이 미친것으로 생각해서 멀리 떠나가는 것을 허락했다. 그런데 지금 2절의 말씀에서 다윗이 다시 이들에게로 간다는 사실이다. 다윗이 지금 아기스로 가고 있다. 우리가 알아야 할 것이 바로 이것이다. 그리스도인이 중생의 은혜를 체험한 이후에 죄를 멀리하고 영적인 경험을 체험한다 할지라도 다시금 불신앙에 빠지면 이전의 죄악을 찾아 간다. 죄가 가져다주는 비참함과 비통함, 슬픔과 좌절, 절망을 알지라도 다시 그 죄를 찾아 들어간다. 우리는 영적인 경험을 통해서 다시 죄의 습성으로 빠져들어 가는 일이, 얼마나 무서운 일인지 알고 있다. 하나님은 계속해서 우리에게 은혜를 부어주신다. 그러나 우리가 이 은혜를 잘 감당하고 조절해서, 믿음을 지키지 않는다면 이 은혜가 가치 없는 것이 된다. 믿음의 은혜가 다시금 찾아 들어가는 죄의 유혹으로 인해 없어진다면, 이제 하나님과의 교제도 없어지게 된다.

둘째, 다윗은 스스로 원수들의 품속으로 들어갔다. 이것은 믿기 어려운 사실이다. 원수를 죽인 사람이 다시 원수의 집에 들어간다. 그는 아기스의 신하가 되었다. 아기스는 속으로, "다윗이 자신의 백성에게 버림받았으니 이제 나의 사람이 되었다."고 생각했다. 이제 다윗은 블레셋의 왕을 지키는 군대의 대장이 되었다. 전에는 하나님의 원수를 죽이는 일을 했지만 이제는 원수를 지키는 자가 되었다. 이 진리를 알아야 한다. 하나님을 떠나는 순간 우리들 역시 하나님의 원수들과 함께 한다. 믿음을 가지고 하나님을 향한 절대적인 믿음과 신뢰가 없다면 방향을 잃게 되고 하나님의 원수가 될 수 있다. 블레셋, 하나님의 원수가 하나님이 선택한 다윗을 향해 이렇게 말했다. "아니! 이 사람들은 히브리인들이 아니냐! 이들이 여기서 무슨 일을 하고 있느냐?"

사도 바울은 믿음에서 떠나려는 사람들을 향해 이렇게 경고한다.

> "나와 함께 의롭게 산 사람들은 믿음 때문에 생명을 누릴 것이다. 그러나 믿음에서 뒤로 물러난 사람들을, 내가 기뻐하지 않겠다." 우리는 뒤로 물러나 하나님께 버림을 받을 사람들이 아닙니다. 우리는 믿음으로 구원함을 받을 사람들입니다. (히 10:38,39)

셋째, 다윗은 이제 헤어날 수 없을 정도로 죄에 빠질 수 있다. 이제 다윗은 이스라엘을 향해 싸움을 해야 하는 위기에 처해 있다. 아기스가 이스라엘과 전쟁을 하러 가기 전에, 다윗에게 이렇게 말했다. "다윗아! 너는 분명히 알아야 한다. 나와 너는 하나이며, 너의 족속은 나의 군대가 되어야 한다." 다윗은 주저 없이 아기스의 말에 동의하였다. 우리는 다윗이 진심으로 허락한 것이 아님을 안다. 지금 처한 위기를 모면하기 위한 행동이었다. 하나님께서 다윗이 자신의 백성 이스라엘과 전쟁하는 것을 허락하지 않을 것이다. 거짓으로 동의 하였다고 해서 죄가 없어지는 것은 아니다. 죄를 직접 행동으로 하지 않았지만, 이 일을 하고자 동참하는 마음을 가진 것만으로도 죄가 된다. 다윗의 죄가 바로 이것이다. 이것은 다윗을 큰 시험으로 이끌어내는 원인이 된다.

하나님은 죄에 동참하는 다윗의 죄를 통해서 경고를 준다. 악한 나무가 생산해 내는 두려운 악의 열매와 죄 된 불신앙이 얼마나 악한 것인지 보여준다. 다윗의 불신앙은 하나님을 향한 모든 것을 무너트리는 죄악이 되었다. 모든 사람은 출생과 동시에 하나님 앞에 죄인이 된다. 그래서 항상 내면 깊은 곳에 죄의 본성을 가진다. 이것을 바꾸는 일은 아주 어려운 일이다. 아무리 노력하고 힘을 써도, 죄의 본성을 없애거나 바꾸는 것은 불가능하다. 이러므로 매일 같이 하나님의 도움을 구해야 한다.

> 소년의 아버지가 즉시 소리쳤습니다. "제가 믿습니다! 제 믿음 없는 것을 도와주십시오!" (막 9:24)

다윗의 모습을 보면서 나의 모습도 함께 보아야 한다. 믿음이 없는 나의 모습, 죄로 떨어지며 악을 찾아가는 모습을 통해서, 믿음 없음을 회개해야 한다. 아무리 훌륭하며 높은 위치에 있을 지라도, 나 자신을 믿고 신뢰할 이유는 하나도 없다. 오직 절대자 하나님만이 믿음의 대상이 되어야 한다.

그리하여 다윗과 그의 부하 육백 명은 이스라엘을 떠났습니다. 그들은 가드 왕 마옥의 아들 아기스에게 갔습니다. (삼상 27:2)

다윗은 당연하게 가야 할 길을 버렸다. 자신의 생명을 지키기 위해서라도 선택하시 말아야 할 것을 선택했으며 이 일은 자기를 따르는 모든 사람의 생명마저 위험하게 했다.

이제 다윗은 하나님이 선택한 왕에서 대적하는 원수의 자리에 앉게 되었다. 그의 불신앙이 모든 원인이다. 그리스도인은 절대로 이와 같이 해서는 안 된다. 어떤 사람은 이렇게 말한다. “고난의 현장을 벗어나는 일은 그 방법을 잘 찾으면 쉬운 일이다. 그러나 고난의 현장을 쉽게 벗어나는 것처럼 축복의 장소도 쉽게 빠져나가는 것이 문제이다.” 이러한 일은 우리에게 흔하게 일어난다. 현재 우리가 겪고 있는 고난이 혹독하고 잔인할 지라도 이것은 문제되지 않는다. 또한 고난과 가난이 심해지고 이겨 내지 못 할 정도로 다가 올지라도 두려워 할 필요 없다. 그러나 어려운 것은 우리가 하나님 앞에 잠잠히 기다리는 것이다. 잠잠히 기다리는 것은 하나님을 영광스럽게 하며 우리가 직면한 고난과 고통을 벗어나기 위한 가장 좋은 방법이다.

다윗과 그의 부하들 그리고 그들의 가족들은 가드에서 아기스와 함께 살았습니다. 다윗은 두 아내와 같이 있었는데, 다윗의 아내의 이름은 이스르엘의 아히노암과 갈멜의 아비가일이었습니다. 아비가일은 죽은 나발의 아내였습니다. (삼상 27:3)

다윗이 다시금 가드로 들어간 것은 이전의 경우는 완전히 달랐다.

> 그 날 다윗은 사울에게서 도망쳐 가드 왕 아기스에게로 갔습니다. 그러자 아기스의 종들이 아기스에게 말하였습니다. "이 사람은 이스라엘 사람들의 왕 다윗입니다. 이 사람은 이스라엘 여자들이 춤을 추면서, 사울이 죽인 적은 천천이요, 다윗이 죽인 적은 만만이라네라고 노래했던 바로 그 사람입니다." 그들이 하는 말을 듣고 다윗은 가드 왕 아기스를 매우 두려워했습니다. 그래서 다윗은 아기스와 그의 종들 앞에서 미친 척하였습니다. 다윗은 그들과 함께 있는 동안, 미친 사람처럼 행동했습니다. 괜히 문짝을 긁기도 하고, 수염에 침을 질질 흘리기도 했습니다. 아기스가 자기 종들에게 말했습니다. "이 사람을 보아라. 이 사람은 미쳤다. 왜 이런 사람을 나에게 데리고 왔느냐? 어디 미친 사람이 부족해서 이런 사람까지 내 앞에서 이런 짓을 하게 하느냐. 이 사람을 내 집에서 쫓아 내어라." (삼상 21:10-15)

이전에는 몰래 숨어서 가드 땅에 들어갔지만 지금은 다윗의 선택으로 들어갔다. 전에는 아무도 모르는 사람이었지만 지금은 이스라엘의 선택받은 왕으로 알려졌다. 전에는 혼자서 원수의 땅을 밟았지만 이제는 육백 명이 넘는 군사와 함께 하였다.

아마 가드왕은 속으로 기뻐했을 것이다. "아! 다윗이 육백명의 군사를 거느리고 오다니! 이제 그가 나의 신하가 될 것이다." 이제 다윗을 이용하여 이스라엘을 진멸하고자 했을 것이다.

또한 충성스런 신하로 만들어 자신의 위치를 굳건하게 하고자 했을 것이다. 이러한 가드왕의 생각과 다윗의 생각이 서로를 환영하게 하였다. 그래서 가드왕은 다윗의 가족에게 좋은 장소를 선택하여 갈 수 있게 하였다. 마치 하나님께서 다윗의 실수와 불신앙이 함께 하고 있는 것처럼 보였다. 그러나 믿음이 있는 사람의 눈에는 다윗의 죄악이 점점 커지고 있는 것을 볼 수 있다. 이제 이 장을 정리하면서 다윗의 6가지의 중요한 죄악을 배워야 한다.

첫째, 다윗은 불신앙으로 하나님의 원수들에게 피할 곳을 찾았다. 이것은 하나님의 명령을 어기는 것이며 반대 방향으로 가는 것이다. 둘째, 다윗은 하나님의 명령과 반대로 움직였다. 거듭되는 고난과 좌절, 생명의 위협으로 하나님에 대한 믿음을 버렸다. 셋째, 다윗은 자신의 생각으로 가드 땅으로 향했다. 넷째, 다윗은 이제 하나님을 믿지 않는 사람처럼 행동했다. 불신앙이 모든 것을 삼켰다. 다섯째, 다윗은 거룩하신 하나님께 기도하지 않았고, 은혜를 구하지도 않았다. 그래서 불신앙으로 모든 것을 포기했다. 여섯째, 다윗의 죄로 인해 성령을 슬프게 하는 죄를 지었다. 이 여섯 가지 죄악의 순서를 역으로 다시 읽는 것도 도움이 될 것이다.

5. 왕이 되는 다윗

삼하 5:1–5

그 일이 있은 후에 이스라엘의 모든 지파들이 헤브론에 있는 다윗에게 왔습니다. 그들은 다윗에게 이렇게 말했습니다. "왕이시여, 우리는 당신의 집안 사람들입니다. 전에 사울이 우리 왕이었을 때에도 당신은 이스라엘을 위해 우리를 싸움터에서 이끈 분이었습니다. 여호와께서는 당신에게 '너는 내 백성 이스라엘을 위한 목자가 될 것이다. 너는 그들의 통치자가 될 것이다' 라고 말씀하셨습니다." 이스라엘의 모든 장로들은 헤브론에 있던 다윗에게 왔습니다. 헤브론에서 다윗은 여호와 앞에서 그들과 언약을 맺었습니다. 그리고 그들은 다윗에게 기름을 부어 다윗을 이스라엘의 왕으로 삼았습니다. 다윗이 왕이 되었을 때의 나이는 서른 살이었습니다. 다윗은 사십 년 동안 왕으로 있었습니다. 다윗은 헤브론에서 칠 년 반 동안 유다의 왕으로 있었고, 예루살렘에서 삼십삼 년 동안 온 이스라엘과 유다의 왕으로 있었습니다.

사무엘하 5장

왕이 되는 다윗

✿

다윗이 선택 받고 전쟁에서 승리하며 사울의 협박에서 벗어나 왕이 되는 사건에는 하나님의 강한 섭리가 작용했다. 다윗을 비방하고 반대하는 주요한 인물들의 삶은 모두 비극으로 끝이 난다. 다윗이 왕이 되는 길은 수많은 사람들이 흘린 피로 닦여져 있다. 사울과 요나단, 이스보셋은 다윗이 왕이 되는 것을 방해한 사람들이었다. 이들 가운데 온전하게 수명을 다한 사람은 없다. 모두 전쟁과 폭력에 의해서 죽었다. 다윗의 삶에서 하나님의 섭리를 빼버리는 것은 어리석은 행동이다. 모든 일에 우연은 없다. 하나님이 말하고 있는 일들에서 마음대로 없앨 수 있는 것은 없다. 주의 깊게 말씀을 보면 버릴 것이 없다. 다윗은 모든 삶에서 예수를 나타낸다. 우리가 알고 있는 것과 같이 다윗이 왕이 되는 길에는 수 없이 많은 피가 흘려졌다. 동일하게 예수께서 간 길도 십자가의 피 흘림의 길이다. 다윗이 유다족속 가운데서 나왔듯이 예수도 유대인의 왕으로 이 땅에 왔다. 또한 예수는 선지자와 제사장, 유대인의 왕으로 기름 부음을 받았다. 이것은 다윗이 왕이 되기 위해서 기름 부음을 받은 것과 동일하다. 그러나 하나님의 계획은 예수를 십자가에 달리게 하는 것이다. 그가 십자가에서 피와 물을 다 쏟은 후에야 이스라엘의 영원한 왕이 되었다. 다윗이 왕이 될 수 있었던 것은 사울과 요나단, 이스보셋의 죽음 이후이다.

아브넬과 이스보셋의 사망 이후에 이스라엘에는 단 한 명 지도자도 남아 있지 않았다. 이미 이스라엘은 이들의 통치에 고통을 당하고 있었다. 이렇기 때문에 사울 왕의 가족이나 친척 중에서 왕을 세우고 싶지 않았다. 그래서 이들이 보고 있는 것은 유다를 다스리는 다윗 왕이었다. 언제나 지혜로우며 온유하게 다스리는 다윗 왕을 보면서 이들의 마음이 움직이기 시작했다. 하나님이 선택한 사람이 가지고 있는 지혜로운 판단과 생각을 바라보기 시작했다. 바로 여기서 신택 받은 사람이 변화되는 과정이 나타난다. 먼저 죄인의 마음이 하나님께로 돌아서는 일이 선행되어야 한다. 그 후에는 모든 마음을 예수로 향해야 한다. 이것이 진정한 회심이다. 마음에 일어난 진정한 회심은 이전 사단의 지배를 벗어 버리는 일이다. 그래서 영혼의 주인이 하나님으로 바뀌는 일이 일어나야 한다.

> 여호와 우리 하나님이여, 다른 주인들이 우리를 지배하였으나, 우리는 오직 주님의 이름만 기억합니다. (사 26:13)

그러나 회심에도 필요한 조건이 있다. 반드시 죄의 사악함을 알고 깨닫고 마음을 죄에서 돌이키는 일이다. 이제 죄의 종노릇에서 벗어나 새로운 주인을 섬기기 위해서는 반드시 이전 주인에게서 마음을 돌려야 하며 죄가 얼마나 비열하고 교묘한 일인지 알아야 한다. 그래야 의에 대하여 깊은 갈증과 목마름을 가질 수 있다. 죄에 실망하지 않는다면 새로운 주인을 섬길 수 없다. 의에 대한 목마름이 있어야 죄를 이길 수 있다. 또한 사단의 지배로 죄의 잔인한 억압과 속박을 경험해야만 예수를 통해서 자유를 얻게 된다. 탕자가 아버지 집에 돌아 갈 수 있었던 것은 돼지와 함께 시궁창에서 뒹굴었기 때문이다. 이제 사울과 그의 가족 때문에 고통당했던 이스라엘은 다윗을 왕으로 구하기 시작한다. 이들은 간절하게 다윗을 왕으로 소망했다. 이들은 하나님께서 선지자 사무엘을 통해서 경고한 말의 의미를 이해하고 있었다. 그리고 더 이상 사울 왕의 족속들이 자신들의 왕이 되는 것을 싫어했다. 지금은 간절하게 새로운 왕의 통치를 기다리고 있다.

우리는 이 부분에서 행복한 모형을 보게 된다. 사울과 이스보셋의 저주스러운 통치로 인해 고통과 불행을 맛본 이스라엘 온 지파가 다윗을 왕으로 삼고자 복종하고 있다. 이와 같이 사단과 죄의 지배를 받았던 사람들이 성령의 인도함으로 예수에게 복종하게 된다. 성령의 역사는 자신들이 처해 있는 죄에 대해 불만을 가지게 한다. 또한 깨닫는 것은 죄악과, 하나님과 예수를 비방하고 반대하는 모든 일들이 이제는 자신의 인생에서 즐겁지 않은 것이다. 하나님은 죄인의 영혼 가득히 은혜를 넣어 주기 이전에 죄로 인한 공허함과 외로움을 느끼게 한다. 진정한 영적인 충만함과 부요함을 허락하기 이전에 지금 살고 있는 삶에 완벽한 불만을 가지게 하며 깊은 공허함을 느끼게 한다. 마치 이스라엘이 출애굽 하기 전에 감독관으로 인해 혹독한 시련과 좌절을 경험하게 했듯이 영적인 안식과 평안은 죄에 대한 강한 불신으로 시작된다.

> 그 일이 있은 후에 이스라엘의 모든 지파들이 헤브론에 있는 다윗에게 왔습니다. 그들은 다윗에게 이렇게 말했습니다. "왕이시여, 우리는 당신의 집안사람들입니다. 전에 사울이 우리 왕이었을 때에도 당신은 이스라엘을 위해 우리를 싸움터에서 이끈 분이었습니다. 여호와께서는 당신에게 '너는 내 백성 이스라엘을 위한 목자가 될 것이다. 너는 그들의 통치자가 될 것이다'라고 말씀하셨습니다." 이스라엘의 모든 장로들은 헤브론에 있던 다윗에게 왔습니다. 헤브론에서 다윗은 여호와 앞에서 그들과 언약을 맺었습니다. 그리고 그들은 다윗에게 기름을 부어 다윗을 이스라엘의 왕으로 삼았습니다. (삼하 5:1-3)

이 구절은 "그 일이 있은 후에"로 시작한다. 그 일은 사울이 죽고 난 후 7년이 지난해를 말한다. 하나님을 배신한 왕이 죽고 온 유다지파가 다윗을 왕으로 인정한 이후에 모든 이스라엘 민족이 그를 따를 것이라고 생각하는 것은 오해이다. 사무엘을 통해서 하나님께서 이미 사울과 그 가족을 버렸다는 것은 사실이며 사울도 알고 있었다. 하나님께서 길보아를 무너트리며 사울의 손에서 언제나 다윗의 생명을 지킨 일은 왕으로 세우기에 부족함이 없었지만 다른 이스라엘 지파는 다윗을 거부하였다. 사울의 아들들은 나약하고 왕이 될 수도 없었지만 이스라엘 지파는 이들을 다윗 보다 더 큰 존재로 여겼다. 설 곳이 없는 다윗은 광야로 도망해야 했다. 제일 먼저 자신을 환영하고 왕으로 세워야 할 지파들과 오랜 시간동안 싸움을 계속해야 했다. 이처럼 미래를 향한 하나님의 약속은 이렇게 서서히 이루어진다. 7년이 넘는 시간동안 사울의 온 집안은 다윗을 격렬하게 공격했다. 새로운 왕을 거절하고 죽이기 위해서 많은 시간을 쏟아 부었다. 이들은 사울의 충성된 사람들이었기에 이 일이 가능했다. 악한 일에 동참하는 것은 쉽다. 이들은 다윗이 하나님의 선택받은 왕이라는 사실을 알았지만 이와 같은 악을 저질렀다. 악으로 사람을 선동하고 하나님의 일을 망치는 것은 쉬워 보이지만 모든 책임을 져야 한다. 그러나 마지막에는 하나님께서 선택한 목적이 이루어진다. 다윗이 그토록 갈망했던 소원이 이루어지기 시작했다. 이 마음 역시 하나님께서 허락한 것이다.

이제 이들은 다윗을 새로운 왕과 목자로 섬기기 원한다. 이렇게 유다를 제외한 열한 지파가 다윗에게 돌아오는 것은 죄인이 회심하는 것과 동일하다. 회심은 회개를 전제로 한다. 이 시대의 복음주의자들은 회개와 회심을 약화시키고 있다. 강단에서 거의 하지 않는 말이 회개와 회심이라는 단어다. 회개는 예수를 하나님의 아들로 믿고 고백하는 것보다 더 깊은 의미를 가지며 예수의 십자가 죽음으로 모든 죄악이 없어졌다는 사실을 믿는 것 보다 더 깊은 생각을 요구한다. 회개는 성경에 나와 있는 일부분의 사건을 믿는 것이 아니라, 나의 모든 것을 하나님 앞에 다 바치고 자신이 용서받을 수 없는 죄인이라는 것을 인정하는 일이다. 그리고 하나님을 향한 시기와 질투, 저주와 욕설을 멈추는 일이다. 회개는 사단의 지배를 거절하고 작별을 통보한다.

그러나 그들은 그를 미워하여 밀사를 뒤따라 보내어 왕위를 줄 사람에게 말을 전하였다.

우리는 이 사람이 우리의 왕이 되는 것을 원하지 않습니다. (눅 19:14)

구원을 부르는 회개는 성경의 모든 말씀을 다 인정하고 받아들이며 모든 권위를 예수 앞에 내 놓는 일이다. 또한 예수와 함께 고통을 당하며 온전한 순종과 헌신을 바치는 일이다. 예수를 참된 주로 섬기는 일이 진정한 구원에 이르게 하는 회개다. 우리 마음의 주인을 바꾸고 다스리며 통치하는 모든 일에 대한 권한을 하나님께 넘기는 일이다. 하나님은 유다를 제외한 이스라엘 온 지파에 새로운 변화를 일으켰다. 다윗과 원수 되었던 이들의 마음을 움직여 이제는 다윗의 통치 아래에 들어오게 했다. 이 모든 일은 환경까지도 움직이는 하나님의 능력에 의한 것이다. 하나님께서 아무것도 하지 않는다면 아무런 일도 일어나지 않는다. 하나님의 거룩한 능력은 회개에 있어서도 동일하다. 죄인으로 하여금 완전하게 실망하며 좌절하게 하는 성령의 능력이 세상에 새로운 것이 없는 것을 알게 한다. 사람의 마음과 육체를 충분하게 만족시킬 수 있는 호화스러운 저택이라도 진심으로 사람의 마음을 만족하게 하지 못한다. 오직 성령만이 죄인의 마음을 돌이키며 그 마음에 만족함을 준다.

그들은 다윗에게 이렇게 말했습니다. "왕이시여, 우리는 당신의 집안사람들입니다." (삼하 5:1)

이 구절은 우리에게 영적인 이해를 준다. 회개하고 죄에서 돌이키면 주인이 바뀐다. 회개는 성령을 통해서 가능하다. 죄인들을 예수 그리스도 앞으로 인도하는 영적인 일은 성령의 주된 사역이다. 하나님의 거룩한 은혜와 능력으로 죄인이 사망에서 새로운 생명으로 옮겨지면, 성령이 가르치며 인도한다. 성령으로 인해 그리스도와의 신비로운 연합을 누리며 하나님을 아버지라 부르는 새로운 관계가 형성된다. 성령을 통해서 성도는 예수를 머리로 하는 신비로운 영적인 연합을 알게 된다. 이 연합으로 인해 우리는 그리스도의 몸인, 교회의 지체들이 된다.

> 전에 사울이 우리 왕이었을 때에도 당신은 이스라엘을 위해 우리를 싸움터에서 이끈 분이었습니다. 여호와께서는 당신에게 너는 내 백성 이스라엘을 위한 목자가 될 것이다. 너는 그들의 통치자가 될 것이라고 말씀하셨습니다. (삼하 5:2)

전에는 반대하고 죽이고자 했던 지파들이 다윗을 높이기 시작하며 거절하던 마음들을 버리고 왕으로 선택한 사실을 인정한다. 회개한 사람들 역시 이것과 동일한 경험을 한다. 이전에 사단의 종노릇 하던 시기에는 그리스도에 대한 것을 알지 못했다. 예수가 얼마나 높은 위치에 있는 지 깨닫지 못했다.

또한 이 예수가 죄인들을 구원하기 위해 얼마나 낮은 위치까지 내려왔는지 알려고 하지 않으며 죄인을 구원하기 위해 당한 고통의 깊이조차 알 수 없었다. 그러나 회개는 이 모든 것을 반대로 바꾸어 놓는다. 그의 찔림을 알고 느끼며 새로운 왕을 구주로 섬기게 한다. 아래의 말씀은 위의 것보다 더 강한 의미를 준다. “여호와께서는 당신에게 너는 내 백성 이스라엘을 위한 목자가 될 것이다. 너는 그들의 통치자가 될 것이라고 말씀하셨습니다.” 이들이 동시에 인정하는 것은 여호와께서 다윗을 통치자로 인정한 일이다. 하나님은 다윗을 이스라엘을 지키는 자로 선택하고 세웠다. 다윗이 왕이 되기 이전의 삶을 통해서 이스라엘은 두 가지를 요구한다. 첫째는 온유하고 겸손하게 다스릴 것과 둘째는 이스라엘을 대적하는 원수들과의 전쟁에서 승리하는 것이다. 아직도 많은 원수들이 이스라엘을 괴롭히고 있다. 그래서 다윗을 왕으로 세우고 도움을 청한다. 우리 역시 죄인에서 회개하여 하나님의 사람이 되었을 때 하나님의 능력을 힘입어야 한다.

> 그러므로 예수님은 자기를 통해 하나님께 나아오는 자들을 완전히 구원하실 수 있습니다. 예수님은 항상 살아 계셔서, 하나님께 나아오는 자들을 돕고 계시기 때문입니다. (히 7:25)

우리가 찬양해야 할 것은 자신을 향해서 나아오는 죄인을 거절하지 않는 하나님의 은혜이다.

> 하나님께서는 세상을 심판하시기 위해 그의 아들을 세상에 보내신 것이 아니라, 자기 아들을 통하여 세상을 구원하시기 위해 아들을 보내신 것이다. (요 3:17)

6. 왕의 비참한 죄악

삼하 11:1-4

봄이 오면, 왕들은 전쟁터에 나갑니다. 그래서 다윗은 봄이 오자, 자기 종인 요압과 모든 이스라엘 사람들을 전쟁터에 보냈습니다. 그들은 암몬 사람들을 무찌르고 랍바 성을 공격했습니다. 그러나 다윗은 예루살렘에 머물러 있었습니다. 어느 날 저녁이었습니다. 다윗이 침대에서 일어나서 왕궁의 지붕 위를 거닐었습니다. 그러다가 한 여자가 목욕을 하고 있는 것을 보았는데, 그 여자는 매우 아름다웠습니다. 다윗은 자기 종들을 보내어 그 여자가 누구인지 알아보게 했습니다. 한 종이 대답했습니다. "그 여자는 엘리암의 딸 밧세바로서 헷 사람 우리아의 아내입니다." 다윗은 사람들을 보내 밧세바를 데리고 오게 했습니다. 밧세바가 오자, 다윗은 그 여자와 함께 잠을 잤습니다. 그 때, 밧세바는 월경을 끝내고 깨끗해져 있던 상태였습니다. 그런 후, 여자는 자기 집으로 돌아갔습니다.

왕의 비참한 죄악

사무엘하 11장

✿

사무엘하 11장은 다윗에 대한 깊은 실망을 안겨준다. 이 장을 통해서 왕에 대한 가장 실패하고 추한 죄악과 실수를 생각해야 한다. 우리의 죄악은 뿌리가 깊고 영혼 안에 가득 차 있다. 이렇게 죄인 된 우리가 시편의 아름다운 가사로 하나님을 찬양한 위대한 왕의 죄악을 들추어내는 것은 어려운 일이다. 또한 개인적으로는 불쾌한 일이 될 수 있다. "하나님, 왕의 죄악에 대해서 겸손한 마음과 두렵고 떨리는 영혼을 가지고 다가서기 원합니다. 왕의 죄악을 판단하고자 하는 것이 아니라, 이 어려운 일을 통해서 하나님이 주시는 영적 경고를 얻고자 합니다. 맑은 물에 다가서면 얼굴이 비추이는 것과 같이, 사람의 영혼도 하나님 말씀 앞에 비추면 동일한 죄인임을 알기 원합니다." 이 기도를 통해서 앞으로 보게 될 다윗의 죄악을 교만한 마음으로 판단하는 것이 아니라 겸손한 마음과 배우는 자세를 가져야 한다.

성경을 통해서 다윗의 처절한 타락 사건을 보게 된 것은 하나님의 거룩한 영광과 그리스도인의 영적인 유익함을 위한 일이다. 그러나 이 일이 타락한 왕을 비판하고 정죄하는 일에 사용되서는 안 되며 영적인 유익을 얻는 일에 사용되어야 한다. 그러기 위해서는 먼저 자신의 영혼을 돌아보고 동일한 실수를 하지 않으려는 단호한 마음을 가져야 한다.

> 형제들이여, 여러분 가운데서 누구든지 죄지은 사람이 있거든 신령함을 지닌 여러분이 온유한 마음으로 그를 바로잡아야 합니다. 그러나 여러분도 유혹에 빠지지 않도록 조심하십시오. (갈 6:1)

이렇게 진실하고 정직하며 온유한 영혼을 가져야 한다. 왕의 타락을 살펴보는 것은 죄악 가운데 있는 우리에게 경고를 주는 영적인 횃불이나, 죄의 유혹을 경계하지 않고 조심하지 않는 자들에게는 경고를 주는 위험 표지판이 되어야 한다. 이렇게 겸손한 자세를 가지고 있지 않다면 왕의 비참한 타락 사건에서 교훈을 얻을 수 없다. 성경이 말하는 인간의 절대적인 타락과 죄로 가득한 본성과 성품에 대한 증거는 다윗을 통해서 분명하게 증거 된다. 인간의 부패와 타락에 대한 성경의 증거를 싫어하고 불쾌하게 생각하며 비웃음거리로 여기는 사람들은 어디서나 흔하게 볼 수 있다.

> 그 어느 것보다도 비뚤어진 것은 사람의 마음이다. 사람의 마음은 심히 악하기 때문에 아무도 그 속을 알 수 없다. (렘 17:9)

> 다시 말해서 나의 죄악된 본성 안에 선한 것이라고는 하나도 존재하지 않는다는 사실을 압니다. 선을 행하려는 바람은 내게 있지만, 선을 행할 수는 없습니다. (롬 7:18)

성경의 이런 주장은 교만하며 죄를 싫어하는 사람에게는 저주스러운 일이다. 그러나 인간이 죄인이라는 것은 분명한 진리다. 인간의 절대적인 타락에 대한 말씀을 아무리 부정할지라도 반드시 알아야 한다. 이 시대를 살아가는 우리는 성경의 인물을 통해서 내가 죄인이라는 사실이 정확하게 증명되고 있다.

성경이 진리라는 확고한 증거는 하나님이 아름답게 창조한 자연을 기록할 뿐 아니라, 사람이 행한 죄악을 분명하게 말하고 있다. 성경은 인간이 죄로 인해 받은 모든 심판과 저주를 기록하고 있다. 하나님에게 예외는 없다. 하나님은 모든 죄악을 드러내고 나타낸다. 어느 누구도 예외 일 수는 없다. 분명하게 죄에 대한 형벌과 징벌을 말하며, 당시에는 죄에 대한 징벌이 이루어지지 않는다고 할지라도, 죄에 대한 책임을 3-4대에 걸쳐서 요구하신다. 노아는 죄악으로 가득차고 악한 세대에 하나님의 의를 전한 설교자라고 성경은 기록한다. 또한 동일하게 노아의 술 취한 것과 그의 죄와 수치에 대해서도 기록하고 있다. 또한 아브라함을 믿음의 사람, 하나님 마음에 합한 사람이라고 기록하고 있다. 그러나 기근으로 마음이 급해졌을 때, 하나님의 음성을 듣지 않고 몰래 애굽으로 내려간 것과 아내를 여동생이라고 거짓말 한 사건 역시 기록하고 있다. 아브라함의 거짓말은 자신의 목숨뿐만 아니라 아내의 삶까지 흔들었다. 소돔에서 극적인 구원을 얻은 롯은 바로 술에 취하여, 패역한 자신의 딸들의 정욕을 채워주는 죄를 저질렀다. 아론과 미리암은 자신의 형제 모세를 시기심과 질투심으로 비난하고 저주하였다. 모세는 저주 받은 입술을 통하여 약속의 땅 가나안에 들어가지 못하는 비참한 처지가 되었다. 언제나 성경은 강력하게 진리와 진실을 말한다. 자신이 하나님의 백성이며 선지자라고 주장하는 자들의 죄악과 변명할 수 없는 불의함을 성경은 사실 그대로 드러낸다.

이제 묵상하고자 하는 왕의 처참한 타락도 동일하다. 다윗의 이러한 행동은 왕 역시 육체를 가진 타락하고 부패한 존재라는 것을 정확하게 말한다. 또한 은혜로 구원 받고 거듭난 존재라고 할지라도 처참하게 죄에 빠질 수 있다는 사실을 보여준다. 완벽하게 죄인 된 사람에게 주권적으로 역사하는 하나님의 도움이 없다면 아무리 구원 받은 그리스도인이라고 해도 하나님을 모독하고 저주하는 죄에 빠질 수 있다. 이것은 자신에게도 무서운 저주가 될 수 있다. 바로 이점이 우리를 긴장하게 하며 다윗의 죄악을 비웃을 수 없게 된다.

육체와 정욕의 죄악과 그 능력의 권세가 제멋대로 행동하도록 풀려났다. 정욕의 죄의 권세가 임한 것은 불신자에게서가 아니라 하나님을 믿는 다윗의 몸에서 일어났다. 이 사실은 하나님의 거룩한 종이며 믿음에 있어서 탁월한 능력을 가진 그리스도인이라도 자신을 지키는 일에 방심하면 반드시 마귀의 유혹과 죄의 정욕에 빠진다는 것이다.

거룩한 그리스도인의 육체와 불신자의 육체는 전혀 다르지 않다. 불신자가 빠질 수 있는 육체의 정욕과 죄의 유혹에 동일하게 그리스도인 역시 빠지게 된다. 죄 앞에서는 서로 동일하며 누구도 우월하지 않다. 오랜 시간 동안, 하나님의 거룩한 시인되었던 다윗 역시 죄의 유혹에 빠질 수 있는 육체를 가지고 있다. 비록 하나님과 많은 시간을 동행

했지만 죄의 정욕을 다스리고 죽이는 일에 철저하게 실패하였다. 죄의 결과는 하나님과 동행하며 나누는 즐거움을 잃어버리게 한다. 왕은 죄의 유혹으로 인해 양심을 더럽혔으며 하나님으로부터 누리는 영적인 풍요로움을 버렸다. 죄악의 결과로 인해 남은 인생을 비참함과 슬픔으로 가득 채웠다. 다윗의 처절한 타락과 비참한 실패는 앞으로 다가오는 모든 세대를 통해서 비웃음과 모욕의 대상이 되었다. 하나님의 거룩한 요구는 왕의 죄악으로 무너졌다. 다윗 왕의 지위로 인해 요구되는 거룩하고 합당한 의무들은 더 이상 지켜지지 않았다. 죄악의 유혹과 형벌로 인해서 하나님으로부터 공급되었던 은혜의 모든 것들이 저주 받았다. 왕은 고난의 시간에 이렇게 기도했다.

> 내가 살아 계신 하나님을 애타게 그리워합니다. 언제 내가 하나님을 만나러 갈 수 있겠습니까? (시 42:2)

그러나 이제는 절대로 요구하고 바라보아서는 안 되는 일과 대상을 향해서 죄의 정욕을 가득 채웠다.

성경을 통해서 알게 되는 사람이란 존재는 누구인가?

> 주님께서 내게 고작 한 뼘밖에 안 되는 짧은 인생을 주셨습니다. 내 일생이 주님 앞에서는 아무것도 아닙니다. 사람들의 일생은 한 순간의 입김일 뿐입니다. (시 39:5)

그러나 지금 당면한 문제는 "왜 다윗이 이처럼 무기력하게 타락했는가!" 정욕의 권세가 왕을 흔들 때 "왜 빠르고 강하게 저항하지 않고 굴욕 했는가!" 어떤 유혹이 왕으로 하여금 이렇게 악한 죄악을 저지르게 했는가!"이다. 이러한 세 가지 질문에 대한 답은 두 가지 측면에서 이해되어야 한다. 먼저 하나님의 절대적인 주권과 사람의 책임에 대한 이해이다. 이제부터는 사람의 책임이라는 측면에서 앞의 질문을 이해하고자 한다.

이것은 가장 실제적인 도움을 주는 방식이다. 반드시 알아야 할 것은 관계의 의미를 이해하는 것이다. 죄의 결과로 하나님의 징계를 받게 되는 것과 죄를 짓게 되는 원인, 이 두 사이의 관계를 이해하고 알아내야 한다. 즉 죄의 원인과 심판이라는 결과의 관계를 알아야 한다. 하나님은 언제나 죄의 원인과 결과를 설명한다. 성경은 아브라함이 하나님께 요구하지 않고 몰래 애굽으로 간 것과 아내를 누이라고 거짓말 한 사건을 기록하고 있다. 또한 그것의 결과를 말한다. 분명한 것은 다윗이 타락하고 죄악을 저지르게 한 원인과 그 결과로 인한 하나님의 심판을 성경이 분명하게 말하고 있는 것이다.

> 봄이 오면, 왕들은 전쟁터에 나갑니다. 그래서 다윗은 봄이 오자, 자기 종인 요압과 모든 이스라엘 사람들을 전쟁터에 보냈습니다. 그들은 암몬 사람들을 무찌르고 랍바 성을 공격했습니다. 그러나 다윗은 예루살렘에 머물러 있었습니다. 어느 날 저녁이었습니다. 다윗이 침대에서 일어나서 왕궁의 지붕 위를 거닐었습니다. 그러다가 한 여자가 목욕을 하고 있는 것을 보았는데, 그 여자는 매우 아름다웠습니다. 다윗은 자기 종들을 보내어 그 여자가 누구인지 알아보게 했습니다. 한 종이 대답했습니다. "그 여자는 엘리암의 딸 밧세바로서 헷 사람 우리아의 아내입니다." 다윗은 사람들을 보내 밧세바를 데리고 오게 했습니다. 밧세바가 오자, 다윗은 그 여자와 함께 잠을 잤습니다. 그 때, 밧세바는 월경을 끝내고 깨끗해져 있던 상태였습니다. 그런 후, 여자는 자기 집으로 돌아갔습니다. (삼하 11:1-4)

이 부분을 세 가지로 요약 할 수 있다. 첫째, 다윗에게 찾아온 죄의 기회이며, 둘째, 죄를 짓게 되는 점진적이고 적극적인 단계이며, 셋째, 죄가 가지는 사악함과 심판의 문제이다. 다윗의 처절한 타락을 위해서 죄의 기회가 만들어지는 경우를 살펴보면 놀라게 된다. 위의 성경 본문은 점차적인 시간의 순서를 통해서 타락의 순서를 설명한다. 1절 말씀에 "봄이 오면, 왕들은 전쟁터에 나갑니다."라고 한다. 이 구절의 첫 시작은 겨울이 지나고 전쟁의 계절인 봄이 왔다고 말한다. 혹독한 이스라엘의 겨울이 지나고 봄이 다가오자 암몬 사람들을 진멸하고자 하는 이스라엘의 군사 행동이 시작되었다. 요압 장군이 이끄는 군대가 전쟁터로 진군하기 시작했다. 그러나 문제는 바로 여기서 시작된다. 왕의 군대가 전쟁터로 진군하는데 정작 다윗 왕은 예루살렘에 그대로 있었다. "그러나 다윗은 예루살렘에 그대로 머물러있었습니다." "그러나" 이 표현은 왕의 행동에 하나님이 불쾌한 마음을 가진 것을 나타낸다. 바로 이 말씀 "그러나"에서, 이제 시작되는 왕의 타락을 설명 할 수 있는 첫 번째 열쇠를 가진다.

완벽한 이해를 위해서는 말씀에 대한 주의 깊은 이해와 관찰이 필요하다. 이러한 관찰과 이해를 통해서 하나님의 경고와 가르침을 가지게 된다. 가장 단순하고 명확하며 이해하기 쉽게 말하면 다윗 왕이 마땅히 해야 할 일을 하지 않고 있다는 것이다. 하나님은 언제나 왕을 전쟁의 선두에 세우셨다. 왕은 반드시 이스라엘의 맨 앞에 서서 하나님의 대적을 진멸하는 일을 해야 한다. 만약에 왕이 해야 할 일을 먼저 하고 있었다면 비참한 타락을 경험하지 않았을 것이다. 평범한 눈으로 이러한 사실을 본다면 다윗이 예루살렘에 머물러 있는 사실은 별 문제 되지 않는다. 그러나 이러한 시각을 가진 것은 큰 문제를 불러일으킨다. 왕이 아무리 작은 위치에 있는 존재라도 자신이 해야 할 일과 위치를 지키지 않는 것은 큰 문제이다. 만약에 성도가 자신의 위치를 지키고 있지 않다면 그로 인해서 어려움을 당할 것이다. 하나님 역시 그 사람을 외면한다. 성전 꼭대기에서 뛰어 내리라는 사단의 요구에 예수께서 대답한 말의 중요한 요점이 이것이다. 성전 꼭대기에서 뛰어 내리는 것은 예수께서 마땅히 해야 할 일도 아니며 있어야 할 위치도 아니었다. 그래서 "주, 너의 하나님을 시험하지 말라"고 말하였다.

다윗은 언제나 칼을 들고 이스라엘의 선두에 서 있어야 했다. 그러나 왕은 이 임무를 포기하고 왕궁의 즐거움과 쾌락에 녹아들었다. 마음과 몸이 편안한 길을 따르는 것은 언제나 쉽고 즐거운 일이다.

> 예수 그리스도의 훌륭한 군사답게 지금 우리가 받는 고난을 함께 겪으십시오. (딤후 2:3)

좋은 군사가 되기 위해서는 언제나 고난이 필요하다. 여기서 불행한 사실은 다윗이 이전의 죄악 된 실수로부터 아무런 교훈을 얻지 못했다. 다윗이 왕이 되기 이전, 블레셋 사람들과 함께 즐거움과 편안함을 찾았던 시절에도 그는 빠르게 죄의 즐거움에 참여 하였다. 이처럼 왕이 된 이후에도 다윗은 예루살렘에서 즐거움을 구하고 있다. 여기서 우리는 반드시 알아야 할 원칙이 있다. 왕이 하나님의 전신 갑주를 버릴 때 우는 사자와 같은 사단은 다양한 방법을 통해서 공격해 온다. 이 글을 읽는 여러분, 세상에서 우리가 안식을 얻을 장소는 없다. 세상은 평안을 구하는 곳이 아니라 전쟁을 하는 전쟁터다.

> 사탄의 악한 속임수에 넘어가지 않도록, 하나님의 무기로 완전 무장하시기 바랍니다. (엡 6:11)

이 말씀을 매일 기억하지 않는다면 믿음의 싸움은 반드시 패하게 된다.

"어느 날 저녁이었습니다. 다윗이 침대에서 일어나서 왕궁의 지붕 위를 거닐었습니다." 이 구절에서 둘째 원인을 찾을 수 있다. 다윗은 자신의 위치를 버렸을 뿐 아니라, "게으름"이라는 죄악을 저질렀다. 성경이 말하는 게으름은 늦은 밤에 잠자는 것이 아니다. 다윗은 오후에 해야 할 일을 하지 않고 잠을 자다가 이른 저녁에 일어났다. 왕은 시간을 낭비하고 있었다. 하나님의 거룩한 일과 백성들을 위해서 시간을 사용하지 않고 자신의 즐거움을 위했다. 사단이 가장 좋아하는 것은 게으른 사람이다. 원수는 언제나 사람이 잠들었을 때 와서 곡식 가운데 가라지를 심어놓고 갔다.

> 부지런한 사람은 남을 다스리겠지만, 게으름뱅이는 남의 종노릇이나 할 것이다. (잠 12:24)

잠언의 말씀은 반드시 지켜야 할 것이다.

> 내가 게으른 자의 밭과 미련한 자의 포도원을 지나가 보니, 가시덤불이

> 사방을 덮고, 잡초가 무성하였으며, 돌담은 여기저기 무너져 있었다. (잠 24:30,31)

이 말씀의 의미를 깨달아야 한다. 밭은 어느 누구라도 다가 올 수 있는 마음이다. 포도원은 밭 안에서 개인에게만 허락된 곳이다. 즉 개인의 마음이다. 잠언 말씀의 의미는 무엇인가? 게으름 때문에 하나님이 가장 싫어하는 상태가 되었고 사람들에게도 쓸모없는 것으로 가득한 상태가 되었다.

> 가시덤불이 사방을 덮고, 잡초가 무성하였으며, 돌담은 여기저기 무너져 있었다. 내가 유심히 관찰하고 생각을 많이 하여 깨우친 것이 많았다. (잠 24:31,32)

우리는 주위의 사람들을 통해서 영적인 교훈을 얻어야 한다. 내 주위에 영적인 게으름과 부주의함으로 인해서 파멸된 사람이 있다면 성경에 비취어서 영적인 교훈을 얻어야 한다.

> 좀 더 자자. 좀 더 졸자. 좀 더 쉬자. 그러면, 가난이 강도떼처럼, 궁핍이 군사들처럼 너를 덮칠 것이다. (잠 24:34,35)

위의 잠언 말씀은 사무엘하 11장 2절의 상황을 정확하게 설명한다. "다윗이 침대에서 일어나서 왕궁의 지붕 위를 거닐었습니다. 그러다가 한 여자가 목욕을 하고 있는 것을 보았는데, 그 여자는 매우 아름다웠습니다." 이곳에서 셋째 원인이 되는 보는 눈이다.

> 의로운 일을 하고 정직하게 말하는 사람, 부정한 돈은 받지 않고 뇌물을 거절하는 사람, 살인자의 나쁜 계획에 귀를 막고, 악한 일은 보는 것조차 하지 않으려고 눈을 감는 사람, 이런 사람은 안전한 곳에 거할 것이다. 높고 굳건한 바위 요새가 그들의 피난처가 되며, 빵이 부족하지 않고 물이 떨어지지 않게 될 것이다. (사 33:15,16)

눈을 감고 악을 보지 않는 사람이 거하는 요새와 피난처를 이사야 선지자는 말하고 있다.

불행하게도 다윗은 이러한 눈을 가지지 못했다. 그의 눈은 두리번거리며 죄의 유혹을 찾아냈다. 다윗 왕의 기도 중에 이런 간구가 있다.

> 내가 무가치한 것들에게서 눈을 떼게 해 주시고 주의 말씀으로 나를 보호해 주소서. (시 119:37)

그러나 누구든지 의도된 마음을 가지고 다른 사람의 개인적인 삶을 들여 본다면, 죄의 유혹이 깊숙이 다가올 것이다. 이제 우리는 다윗 왕이 어떻게 처참하게 타락하는지 각 단계를 통해서 살펴보자. "다윗은 자기 종들을 보내어 그 여자가 누구인지 알아보게 했습니다." 왕은 육체의 정욕에 지배를 당하기 시작한다. 하나님과 동행 할 때에는 이렇게 고백했던 다윗이었다.

> 내가 흠 없는 삶을 살도록 하겠습니다. 주님은 언제쯤 내게 오시렵니까? 내가 티 없이 깨끗한 마음으로 내 집 안에서 살겠습니다. 악한 것은 그

> 무엇이라도 거들떠보지 않겠습니다. 주를 따르지 않는 자들을 싫어하며 그런 사람들과는 어울리지 않을 것입니다. 삐뚤어진 마음을 내게서 버리겠습니다. 악한 일과는 아무런 상관없이 살겠습니다. (시 101:4)

이러한 믿음의 왕이, 이제는 죄의 유혹을 이기지 못하고 부하의 아내와 간음을 하려고 한다. 왕은 계속해서 "내가 하겠다. I will"이라고 강하게 말한다. 우리는 이 사실을 주의해서 보아야 한다. 사람의 의지는 죄를 실행하는 것에 가장 중요한 원인이다. "다윗은 자기 종들을 보내어 그 여자가 누구인지 알아보게 했습니다. 한 종이 대답했습니다. 그 여자는 엘리암의 딸 밧세바로서 헷 사람 우리아의 아내입니다." 이 구절에 두 가지 반대 되는 고백이 보인다. 먼저 다윗은 육체의 정욕을 이루고자 치밀하고 은밀하게 음모를 꾸미기 시작한다. 반대로 하나님은 은혜를 베풀어 왕에게 중요한 사실을 상기 시키는 것을 본다. 왕의 한 종이 우리아의 아내라고 말함으로 부하의 아내라는 사실을 다윗 왕에게 고하고 있다. 하나님은 신실함과 의로움을 통해서 죄악 된 길에 큰 방해물을 놓고 있다. 특히 우리가 하나님 앞에 큰 죄악을 이루고자 할 때 하나님의 간섭은 더욱더 커진다. 이러한 하나님의 신실하심의 장애물을 우리의 죄 된 행동으로 무너뜨린다면 그 결과는 더욱더 비참해진다. 죄의 유혹에 빠져 들 때 이러한 장애물이 보인다면 반드시 뒤로 물러나야 한다. 피하지 않는다면 우리는 도살장에 끌려가는 소가 된다.

"다윗은 사람들을 보내 밧세바를 데리고 오게 했습니다. 밧세바가 오자, 다윗은 그 여자와 함께 잠을 잤습니다." 이러한 죄악의 진행 순서는 엄한 경고를 준다. 첫째 왕은 보았다. 본 후에 종을 보내서 알아보게 했다. 모든 상황을 안 이후에 왕은 그 여자와 함께 잠을 잤다. 육체의 정욕을 채우기 위해 교묘하게 행동했다.

그러나 이러한 다윗의 행동이 범죄 전체를 설명하지 않는다. 이것을 이해하기 위해서는 반드시 1절을 기억해야 한다. 야고보서 1:14,15절의 말씀을 참고하면 명백한 증거를 얻게 된다. 첫째 왕은 욕심에 이끌려서 육체가 주는 즐거움과 게으름 속으로 빠져 들었다. 둘째 왕은 아름다운 여자를 보고 죄의 유혹에 빠졌다. 셋째 이미 계획되어진 간음을 통해서 욕심이 죄를 낳게 되었다. 이러한 다윗의 죄악으로 인해서 죄가 점점 자라서 사망을 가져왔다. 다윗은 부하의 아내에게 간음을 행했고 하나님 앞에 간음의 죄악을 덮기 위해서 계획적으로 부하를 죽였다.

> 사람이 시험을 받는 것은 자신의 악한 욕심에 이끌려 유혹을 받기 때문입니다. 욕심은 죄를 낳고, 죄는 점점 자라 죽음을 가져옵니다.
> (약 1:14,15)

다윗의 죄에 대한 처절한 타락은 많은 부분에서 보였다. 죄를 범할 당시 나이는 50세를 넘었고 더 이상 젊은이에게 보이는 청춘은 없었다. 또한 이미 여러 아내를 두고 있었다. 하나님께서 선지자를 보내어 왕의 죄악과 타락을 말할 때 이 사실을 확인시켜 주었다. 이미 왕에게는 장년이 된 아들들이 있었다. 이후 왕의 아들들이 왕과 동일한 범죄를 저지르는 두려운 모범이 되었다. 다윗의 범죄로 인해서 많은 신하와 부하들 앞에서 하나님의 의를 잃었다. 한 사람의 죄악으로 인해 우리아는 모든 것을 잃었다. 아내와 목숨, 이 두 가지를 왕의 처절한 타락으로 인해 빼앗겼다.

7. 왕의 처절한 타락

삼하 11:23-27

전령이 다윗에게 말했습니다. "암몬 사람들이 우리보다 잘 싸웠습니다. 그들은 밖으로 나와 들에서 우리를 공격했습니다. 그러나 우리는 그들과 맞서 싸워 성문에까지 이르렀습니다. 성벽 위의 군인들이 왕의 종들을 향해 화살을 쏘았습니다. 왕의 종들 중 몇 사람이 죽었습니다. 왕의 종 헷 사람 우리아도 죽었습니다." 다윗이 전령에게 말했습니다. "요압에게 이렇게 전하여라. '이 일로 염려하지 마라. 전쟁을 하다 보면 누구나 죽이고 죽을 수가 있다. 성을 맹렬히 공격하여 점령하도록 하여라.' 이 말을 전하여 요압에게 용기를 주어라." 밧세바는 자기 남편이 죽었다는 소식을 듣고 남편을 위해 울었습니다. 밧세바가 슬픔의 기간을 다 마치자, 다윗은 종들을 보내어 밧세바를 왕궁으로 데리고 오게 했습니다. 그리고 밧세바는 다윗의 아내가 되어 다윗의 아들을 낳았습니다. 그러나 여호와께서는 다윗이 한 일을 기뻐하지 않으셨습니다.

왕의 처절한 타락

사무엘하 11장

✿

다윗은 시편을 통해서 두 가지 사실을 가지고 하나님을 찬양한다. 첫째, 의로운 사람이 가지는 고통과 슬픔에 대한 것, 둘째, 죄에 대한 양심의 가책으로 회개와 애통함을 가지는 것이다. 그는 악인으로 인한 고통을 통해서 하나님이 부어주는 능력을 확인했으며 마지막에는 하나님이 채워주는 넘치는 즐거움과 평안을 바라보는 사람이 되었다. 또한 죄에 대한 회개의 찬양을 통해서 하나님의 용서와 충만한 긍휼의 은혜를 구했다. 언제나 충만한 은혜를 채워주는 복된 은혜를 요구했다. 시편 찬양을 통해서 보이는 이 두 가지의 모습은 사무엘 상, 하에 나타난 다윗 왕의 인생 모습에 잘 나타난다. 사무엘상에서 아무것도 보이지 않는 환경 속에서 왕은 하나님으로부터 오는 평안과 위로를 얻었으며 언제나 억압과 저주 속에서도 의로운 하나님을 찬양했다. 사무엘하에서 죄 가운데 신음하는 왕의 모습이 보인다. 간음의 죄로 인해 하나님과 떨어지는 고통을 겪고 있는 다윗의 비참한 모습을 보게 된다. 그러나 이곳에도 하나님의 크신 은혜가 있다. 사랑하는 왕의 비참한 상태에도 처절하게 죄인이 된 모습에도 참고 용서하며 경고하는 은혜의 풍요함을 하나님은 보여준다. 사무엘서에서 왕은 두 가지 분명한 대조를 보인다. 사무엘서 상은 다윗의 위대한 승리, 거대한 골리앗을 이기는 극적인 모습을 보인다. 그러나 사무엘서 하에서는 육체의 정욕을 이기지 못하고 처참하게 죄의 정욕에 굴욕 당하는 모습을 보여준다. 성경의 진실성은 아무리 위대한 성경의 인물이라도 그 죄를 적나라하게 보여준다. 이러한 교훈을 통해서 죄의 무서움에 대한 경고를 받는다. 하나님께서 교훈을 준 것은 우리로 하여금 죄에 대한 핑계와 죄의 결과에 대한 변명의 기회로 만들지 않기 위해서다. 우리는 반드시 온 힘을 다해서 이러한 죄의 유혹에 떨어지지 않도록 경계해야 한다.

성경이 조상들의 죄악을 상세하게 기록한 것은 후대를 사는 우리에게 유익한 일이고, 이 교훈을 통해서 조상들과 동일한 죄를 짓기 않기 위해서다. 이전 장에서 왕의 철저한 타락을 세 가지 원인과 결과로 살펴보았다. 왕이 마땅히 하나님의 군사로 갑옷과 칼을 들고 있어야 함에도 왕궁에서 편안한 시간을 보냈다. 또한 이스라엘의 적들을 물리치는 것이 하나님의 명령임에도 자신의 궁에서 게으름을 피웠다. 죄의 유혹을 피하기 위해서 항상 경계를 해야 함에도 눈을 두리번거리며 죄와 육체의 유혹을 찾아냈다.

> 깨어서 너희가 시험에 빠지지 않도록 기도하여라. 영은 원하지만 육체가 약하구나. (마 26:41)

죄의 유혹에 빠지지 않게 해 달라는 간구의 기도만으로는 자신을 지키기 어렵다. 언제나 항상 깨어서 긴장하며 덤벼오는 죄의 유혹에 대비해야 한다. 우리의 이성적인 이해나 동기로는 합법적으로 보이는 일들이 하나님 앞에서는 죄 된 일이 될 수 있다. 잠언 말씀에 따라서 지켜야 할 것은 속사람의 마음이다.

> 무엇보다 네 마음을 지켜라. 이는 생명의 근원이 마음에서부터 흘러나오기 때문이다. (잠 4:23)

네 마음을 지키라는 것은 신실하고 성실함으로 깨어서 자신이 가진 약함을 지켜내라는 것이다. 마음을 지키는 일은 신실한 하나님의 도움을 받기 위해서 항상 깨어 기도하는 것이다.

깨어 있지 않고 기도하지 않는다는 이 사실만으로도 하나님을 비웃음거리로 만들 수 있다. 하나님께 기도를 하는 이유는 나의 힘과 노력으로 하나님의 일을 대신하는 것이 아니다. 먼저 하나님의 은혜를 구하고 그것을 통해서 해야 할 일과 의무를 성실하게 수행해 나가는 일이다.

> 항상 기도하며 깨어 있으십시오. 기도할 때마다 감사를 드리십시오. (골 4:2)

우리는 언제나 기도하기 위해서 깨어 있어야 하며 동시에 기도 후에도 부지런히 깨어 간구해야 한다. 정확히 말하면 깨어 있어서 가장 집중해야 할 대상이 바로 나 자신이다. 우리의 영혼 가운데는 항상 하나님과 믿음을 배신하고자 하는 죄의 유혹이 존재한다. 다윗 왕과 같이 위대한 왕이 그토록 처참하게 무너질 줄 누가 알았는가! 여러분! 아무리 하나님과 동행하며 그분의 음성을 듣고 뜻을 행한다고 할지라도 탁월한 묵상과 하나님을 향한 경건의 시간을 보냈다고 해도, 속사람 안에 있는 죄의 유혹과 근성을 버리는 것은 어려운 일이다. 육신을 입고 세상 가운데서 살아가는 이상 사단의 유혹과 죄의 시험을 벗어날 방법은 없다. 오로지 기도함으로 깨어있는 것이 시험과 유혹에서 벗어날 유일한 방법이다. 하나님의 사람이 육체의 정욕을 따라 그토록 처절하게 타락하며 비참한 구덩이에 빠지는 것을 설명하는 것은 어렵지만 죄의 유혹은 언제나 끊임없이 사람을 시험한다. 죄에는 만족이 없다. 죄가 가지는 원래적 습성은 성도를 타락시켜 하나님을 반대하는 세력을 만들고자 한다. 만약 도와주는 하나님의 능력과 은혜가 없다면 죄는 우리를 지옥 끝으로 몰아넣을 것이다. 위대하며 놀라운 기적을 체험한 이스라엘 민족을 보면 알 수 있다. 그들은 언제나 불평하며 하나님을 시험했다. 홍해 앞에서 원망했으며 광야에서 먹을 것으로 불평했으며 시내산에서 우상을 만들어 섬겼다. 요한계시록 2장, 3장은 이러한 인간의 모습을 자세히 그린다.

죄로 인한 타락이 하나님을 향한 첫 사랑을 버리게 하며 이 사랑을 버린 자들이 악한 세력과 연합하여 하나님을 대적한다. 다윗도 동일한 과정을 밟았다. 자신의 임무를 버리고 게으름으로 일어나 밧세바를 향해 음욕을 가졌고 결국 간음을 행하였다. 자신의 부하를 무참하게 살인하며 이로 인해 영적인 죽음이 그를 찾아 왔다. 결국 하나님의 선지자가 직접적으로 하나님의 뜻을 전하여 다윗 왕을 책망하기까지 이르렀다. 이 얼마나 비참한 일인가!

> 그런데 밧세바가 임신을 했습니다. 밧세바는 다윗에게 '임신을 했다'는 사실을 알렸습니다. (삼하 11:5)

의지적인 마음을 가지고 하나님의 법을 무시하고 짓밟는 자는 반드시 그 죄에 대한 고통을 당하게 된다. 잠언이 이 사실을 증명한다.

> 슬기로운 마음은 은총을 입지만, 사기꾼의 앞길은 험난하기만 하다. (잠 13:15)

하나님은 분명히 지금이 아닌 다음 세계에서 악인의 죄를 심판한다. 지금 악인이 처벌 받지 않는 것으로 인해서 불평을 할 수 있다. 이들이 하나님을 비웃고 조롱해도 당장 아무런 처벌을 받지 않는 것은 사실이다. 그러나 분명한 것은 사람이 뿌린 대로 거둔다는 사실이다. 이것이 하나님의 법이며 통치하는 방법이다. 죄악으로 인해 즐기는 즐거움은 아주 잠시 뿐이다. 그러나 죄는 반드시 뱀같이 사람을 물며 독사같이 쏠 것이다. 우리는 죄에 대해서 실수하지 말아야 한다.

> 그러나 당신들이 그대로 하지 않으면, 당신들은 여호와께 죄를 짓는 것이오. 확실히 알아 두시오. 당신들은 당신들의 죄 때문에 벌을 받을 것이오. (민 32:23)

이제 왕과 밧세바가 자신의 죄를 계산 할 때가 되었고 하나님의 법은 음행을 행한 자를 죽이라고 한다.

> 남자가 이웃 사람의 아내와 함께 잠을 자서 간음죄를 지으면 그 두 사람을 다 죽여라. (레 20:10)

밧세바는 두 가지 형벌을 받아야 한다. 의로운 남편을 배신한 죄와 하나님의 거룩한 율법을 어긴 죄다.

다윗 역시 심각한 죄의 결과를 받아야 했다. 간음을 한 여자 밧세바가 아이를 가졌다. 이 일은 남편이 전쟁터에 있을 때 일어난 일이다. 문제는 여기서 출발한다. 밧세바의 남편 우리아가 전쟁에서 돌아오면 모든 일이 밝게 드러나기 때문이다. 그러면 밧세바와 다윗 왕은 구약의 율법에 의해서 둘 다 돌에 맞아 죽어야 한다. 비록 왕이 직분을 이용하여 죽음의 형벌을 피할 수 있을 지라도 왕의 죄악을 모든 사람이 알게 될 것이다. 다윗 왕의 타락은 여기서 더욱더 깊어진다. 자신의 죄악을 숨기고 죄의 결과를 피하기 위해서 계획한 모든 일이 왕을 더욱 깊은 죄의 수렁으로 밀어 넣었다.

이 일에 대한 좀 더 깊은 이해를 위해서 사무엘하 11장 6-21절을 미리 보아야 한다. 먼저 왕이 우리아를 죽이고자 하는 의도는 없었다. 단지 우리아를 이용하여 왕의 죄악을 숨기고자 할 뿐이었지만 왕의 모든 노력과 육신적인 생각은 한 순간에 실패했다. 이후 왕은 더욱 치밀하게 살인을 계획하였다. 다윗 왕의 죄와 빌라도의 죄는 서로 동일점을 가진다. 빌라도는 예수를 죽일 의도는 없었고 오히려 예수를 살리기 위해서 여러 가지 방법을 찾고 강구하였다. 그러나 민중의 폭동을 걱정하여 십자가에 못 박기로 했다. 빌라도와 마찬가지로 시편의 아름다운 기자였던 다윗 역시 동일한 어려움을 만났다. 거룩한 성도와 불신자가 가지는 육체는 서로 다르지 않다. 죄를 가진 육체를 다스리지 않는다면 성도와 불신자는 동일한 죄악을 저지른다. 다윗 왕과 빌라도는 동일한 죄악을 저질렀다. 왜 왕은 죄를 감추기 위해서 우리아를 죽음으로 내몰았는가? 왕은 자신의 자리를 지키고 싶었고 죄와 나쁜 평판으로 왕의 자리를 빼앗기고 싶지 않았다. 세상에서 자신의 이름이 영광스럽게 되는 일을 포기 할 수 없기 때문이다. 법을 어긴 간음자라는 말을 듣고 싶지 않기 때문에 우리아를 죽이기로 결정했다. 왕의 영광스런 앞날을 막는 장애물을 없애면 모든 것이 끝날 줄 알았다. 다윗 왕은 여러 가지 방법을 통해서 자신의 지위를 지키고자 했지만 죄악으로 시작한 모든 계획은 실패했다. 게으름과 육신의 정욕을 위해서 밧세바를 간음했던 것과 같이 이제는 세상의 명예를 지키기 위해서 우리아를 전쟁터에서 살인했다. 빌라도와 동일하게 살인을 했다. 그도 예수를 죽일 의도는 전혀 없었지만 민중의 폭동을 두려워하여 십자가 처형을 명령했다.

사무엘하를 보고 있으면 왕은 이미 하나님을 버렸다.

> 다윗은 요압에게 헷 사람 우리아를 나에게로 보내라고 전했습니다. 그래서 요압은 우리아를 다윗에게 보냈습니다. (삼하 11:6)

죄가 영혼을 다스리자 마음에서 이미 하나님은 떠났다. 불행하게도 동일한 일이 우리에게도 일어난다. 죄악이 하나님을 조롱하고 불쾌하게 했을 때 자백하는 마음과 겸비한 영혼을 가지고 회개해야 한다. 이것이 하나님과 정상적인 관계를 회복하는 길이지만 이러한 일은 아주 느리게 일어난다. 시편에서처럼 왕은 회개하고 돌아온 것이 아니라 죄악을 숨기고 세상의 명예를 유지하기 위해서 더 큰 죄악을 계획했다. 이 모든 말씀이 우리의 유익을 위해 기록되었다.

> 자기 죄를 숨기는 자는 형통하지 못할 것이나, 죄를 자백하고 버리는 자는 긍휼을 얻을 것이다. (잠 28:13)

이 말씀은 반드시 이루어진다.

많은 사람들이 이 법칙에 의해서 징계와 고통을 당하고 죄로 인해 하나님 안에서 누리는 기쁨을 잃어버렸다. 그렇기에 죄를 지은 즉시 죄를 고백하고 나로 인해 피해 입은 사람들을 찾고 고백하고 변상해야 한다. 만약 이렇게 하지 않으면 사단은 서서히 우리를 지배해 나간다. 선한 양심을 버리고 죄의 지배를 받는 사람은 더 이상 하나님의 도우심을 기대할 수 없다. 이렇게 되면 영혼은 사단의 지배 아래 들어가며 모든 행동에 있어서 사단의 통제를 받게 된다. 사단이 다스리면 영적인 지혜와 능력을 구하는 대신 육신의 정욕과 안목을 따라간다. 정직과 진실함을 버리고 속임수와 도둑질을 시작한다. 하나님의 영광과 내 이웃의 선을 구하기보다는 모든 방법을 동원하여 자신의 이익과 유익을 요구한다. 사무엘하 11장에서 보는 왕의 모든 행동은 사단의 지배를 받아서 성령의 인도함을 거부하고 죄의 유혹을 따라 가는 것이다.

> 우리아가 다윗에게 왔습니다. 다윗은 우리아에게 요압은 잘 있는지, 군인들은 잘 있는지, 그리고 전쟁은 잘 되고 있는지를 물었습니다. (삼하 11:7)

왕은 가증하게 우리아를 통해서 전쟁의 상황을 물었지만 이것은 마음속에 있는 일들을 숨기기 위함이다. 전쟁에 관한 질문으로 속이기 시작했으며 그를 자신의 집으로 보내고자 명령을 내린다.

> 그리고 나서 다윗은 우리아에게 집으로 가서 쉬시라고 말하고 선물도 딸려 보냈습니다. 우리아는 왕궁에서 나왔습니다. (삼하 11:8)

이 구절은 왕이 우리아를 예루살렘으로 불러온 치밀하며 은밀한 계획을 드러낸다. 밧세바가 임신하자 죄악을 숨기기 위해 우리아를 전쟁터에서 불러서 집으로 보냈다. 마치 우리아를 통해서 아이를 가진 것처럼 꾸미기 위한 교묘한 작전이다.

> 그러나 집으로 가지 않았습니다. 우리아는 왕궁 문 밖에서 왕의 모든 신하들과 함께 잠을 잤습니다. (삼하 11:9)

불행하게도 왕이 세운 교묘한 계획은 실패했다. 이런 일은 자주 일어난다. 아브라함이 아내 사라를 누이로 속이기 위한 일 역시 실패했다. 요나 역시 니느웨에 가지 않기 위해 계획한 일 역시 실패했다. 우리아의 일도 동일하게 좌절 되었다. 왕은 부하가 가지고 있는 마음과 충성심을 잘 알지 못했고 이 일로 당황하기 시작했다. 충성된 우리아는 전쟁터에 있는 동료들을 생각했고 편안함을 거부하고 집으로 가지 않았다.

우리아는 큰 가르침을 준다. '영적인 전쟁을 포기하고 안일함과 육체의 정욕을 채우고 만족시키는 일을 하는 것이 옳은가?' 하는 의문을 준다.

> 신하들이 다윗에게 말했습니다. "우리아가 집으로 가지 않았습니다." 그러자 다윗이 우리아에게 말했습니다. "그대는 오랫동안 집을 떠났다 돌아왔는데 왜 집으로 가지 않는가?" (삼하 11:10)

자신의 계획이 실패로 돌아가자, 왕은 우리아를 책망하였다. 얼마나 재미있는 모습인가! 타락한 왕이 하나님의 신실한 군사 우리아를 꾸짖는 모습을 상상해 보라! 지금도 이러한 일이 일어난다. 금식하며 기도하고 세상을 나그네와 같이 살아가는 자들을 같은 그리스도인이 비판하고 비방한다. 저들은 너무 엄격하다. 극단적인 이상주의자다. 자신들만 청결한 척 한다고 저주하며 비방한다. 이러한 자들을 비판하는 자들은 동일한 말로 자신을 판단하고 있다.

> 우리아가 대답했습니다. "언약궤와 이스라엘과 유다의 군인들이 장막에 머물고 있습니다. 나의 주 요압과 그의 부하들도 들에서 잠을 자며 지내고 있습니다. 그런데 제가 어찌 집으로 가서 먹고 마시며 제 아내와 함께 잠자리를 가질 수 있겠습니까?" (삼하 11:11)

이 말은 다윗 왕의 폐부를 찌르며 질책하는 우리아의 고백이다. 하나님의 군사와 군대는 피비린내 나는 전쟁터에서 원수들과 싸움하고 있다. 그러나 이스라엘의 왕 다윗은 편안한 궁궐에서 게으름을 피우며 육신의 정욕을 즐긴다. 이러한 우리아의 고백이 다윗 왕의 폐부를 깊숙이 찔렀을 것이다. 이 고백은 죄의 통치를 받으며 죄의 권세 아래서, 육신의 정욕을 따라서 양심을 져버린 왕의 머리를 심하게 내리쳤다. 그러나 왕은 우리아의 고백을 외면하였고 하나님의 마지막 기회마저 버렸다. 이제 다윗은 세상의 평안함과 인생의 영광을 위해서 살인으로 우리아를 죽이기로 결심한다.

> 다윗이 우리아에게 말했습니다. "오늘은 여기에 머물러라. 내일 그대를 싸움터로 돌려 보내겠다. 그래서 우리아는 그 날과 그 다음 날에도 예루살렘에 머물러 있었습니다." (삼하 11:12)

죄의 지배를 받기 시작하면 악을 행하는 일에 어떠한 장애물이 있더라도 반드시 그 일을 성취한다. 악을 행하는 일에 한 번 실패를 했더라도 반드시 다른 방법을 찾아낸다. 우리가 하나님의 선한 일을 꿈꾸고 행하는 것에 있어서 악을 행하는 사람처럼 집중하고 처음처럼 동일한 마음을 가지지 않는 것이 아쉽다. 우리는 선을 추구하다가 너무 쉽게 좌절하고 절망하지만 하나님은 인내하는 믿음을 요구한다. 그러나 이러한 인내를 악을 행하는 일에 사용해서는 안 된다.

다윗은 인내를 이렇게 사용했다. 우리아를 속이는 처음 시도가 실패하자 이제는 예루살렘에 머물게 하여 비열한 계획을 이루고자 한다.

> 그 때에 다윗이 우리아를 불러 자기에게 오게 했습니다. 우리아는 다윗과 함께 먹고 마셨습니다. 다윗은 우리아를 취하게 만들었지만, 우리아는 그래도 자기 집으로 돌아가지 않았습니다. 그 날 저녁에 우리아는 왕의 신하들과 함께 왕궁 문 밖에서 잠을 잤습니다. (삼하 11:13)

그리스도인이 죄악의 급격한 경사 길로 들어서면 죄는 두렵고 끈질기게 괴롭히며 유혹한다. 왕이 우리아를 술 취하게 하는 계획을 보는 것은 슬픈 일이다. 왕은 이번 계획의 실패를 통해서 계획한 모든 것을 포기하고 양심의 소리를 들어야 했다. 지금 왕은 하나님의 거룩한 섭리를 무너트리고 있다. 이후 왕은 더욱더 큰 죄악을 저지르게 된다.

8. 왕의 살인

삼하 11:14-17

이튿날 아침, 다윗은 요압에게 편지를 써서 우리아에게 그 편지를 전하게 했습니다. 다윗이 쓴 편지의 내용은 이러했습니다. "우리아를 싸움이 가장 치열한 곳으로 보내어라. 그런 다음에 우리아만 혼자 남겨 두고 물러나거라. 우리아를 싸움터에서 죽게 하여라." 요압은 성을 살피다가 그 성 중에서 적군이 가장 강하게 막고 있는 곳을 알아 냈습니다. 요압은 우리아를 그 곳으로 보냈습니다. 성의 군인들이 밖으로 나와서 요압과 맞서 싸웠습니다. 다윗의 부하들 중 몇 명이 죽임을 당했습니다. 헷 사람 우리아도 죽었습니다.

왕의 살인

사무엘하 11장

✿

밧세바와의 간음 사건 이후 왕은 더 큰 죄악을 계획했다. 간음으로 임신했기 때문에 이 아이를 우리아의 소유로 속이고자 했지만 그의 거짓된 노력은 실패했다. 왕은 이제 절망적인 상태가 되었다. 만약에 우리아가 살아 있으면 아내의 부정한 임신을 아는 것은 시간 문제였다. 그래서 왕은 모든 방법을 동원해서 이 저주스러운 일을 덮고자 했다. 이렇게 사람을 속이는 행동은 죄를 더 깊게 하는 것임에도 불구하고 왕의 명성을 지키기 위해서 죄의 무덤을 깊이 파기 시작했다. 이제 왕은 주저하지 않고 죄를 덮기 위한 죄의 계획을 실행하기 시작한다. 첫째, 왕은 우리아의 맹세를 무너트리도록 시험했다.

> 그러나 집으로 가지 않았습니다. 우리아는 왕궁 문 밖에서 왕의 모든 신하들과 함께 잠을 잤습니다. (삼하 11:11)

둘째 왕은 우리아를 술 취하게 하려고 했다.

그 때에 다윗이 우리아를 불러 자기에게 오게 했습니다. 우리아는 다윗과 함께 먹고 마셨습니다. 다윗은 우리아를 취하게 만들었지만, 우리아는 그래도 자기 집으로 돌아가지 않았습니다. 그 날 저녁에 우리아는 왕의 신하들과 함께 왕궁 문 밖에서 잠을 잤습니다. (삼하 11:13)

두 번에 걸친 사악한 계획이 실패하자 충성된 부하를 죽이려는 계획을 세워 자신의 명예를 지키고자 했다. 그래서 무죄한 자의 피를 흘리기 원했고 목적을 이루기 위해서 온 군대를 전쟁터로 몰아넣었다. 하나님이 선택한 왕이라도 오랜 시간동안 죄의 통치 아래 있고 굴복하면 죄의 권세와 세력은 점점 더 강해진다. 이제 왕의 간음은 무고한 자의 살인으로 이어진다. 추악한 죄를 저지르고 죄로 인해 추궁 받을 것을 두려워하여 비열하며 더러운 방법을 사용할 수 있는 사람이라면 그는 이미 사단의 종이 된 것이다. 사단은 반드시 그를 살인으로까지 이끌어 간다. 한 번 시작된 죄악은 계속적인 범죄로 이어지며 진실하며 정직한 것이 자랄 수 없는 환경이 되게 한다. 이렇게 될 경우 어떻게 그 사람의 범죄를 막을 수 있는가!

다윗의 경우도 동일하며 어떠한 방법을 사용해서라도 죄악을 덮고자 했다. 그는 수단과 방법을 가리지 않고 명예를 지키고자 했다. 이것은 디모데전서 말씀처럼 완전히 사단의 사람이 된 모습이었다.

너무 교만해져서 마귀가 그랬던 것처럼 벌을 받게 될지도 모릅니다.
(딤전 3:6)

우리는 욥의 기도처럼 하나님의 긍휼함을 입어 교만의 길에서 돌아서야 한다.

> 사람들의 귀를 살짝 여시고 말씀하셔서, 사람들이 그들의 마음을 돌이켜 교만하지 않도록 해 주십니다. (욥 33:17)

다윗이 사단과 죄의 지배를 받고 있다는 증거는 그가 사용하고 있는 비열하고 교활한 방법으로 알 수 있다.

간음의 죄를 덮기 위해서 더 크고 악한 방법을 사용하고자 결심한다. 하나님과 이스라엘을 위해 자신의 모든 것을 버리고 용사로 싸우는 우리아를 죽이기로 결심한다. 우리아는 무죄하고 당당한 사람이다. 자신이 섬기는 왕을 위해서 죽고자 결심한 그는 이제 왕의 불명예를 위해서 죽게 되었다. 왕은 교묘하고 비열한 방법으로 우리아를 살인하고자 했다. 자기 손으로 죽이는 것이 아니라 부하의 손을 빌어서 죽이고자 했다.

이스라엘을 구하고자 하는 우리아의 용감함과 대담함이 그를 죽일 방법을 결정했다.

> 이튿날 아침, 다윗은 요압에게 편지를 써서 우리아에게 그 편지를 전하게 했습니다. 다윗이 쓴 편지의 내용은 이러했습니다. "우리아를 싸움이 가장 치열한 곳으로 보내어라. 그런 다음에 우리아만 혼자 남겨 두고 물러나거나. 우리아를 싸움터에서 죽게 하여라." (삼하 11:14,15)

왕은 사단이 사용하는 교묘한 방법과 동일하게 우리아를 죽이는 방법을 결정했다. 우리아는 자신의 살인 계획이 담긴 편지를 가지고 요압 장군에게 돌아갔다. 그는 왕의 계획대로 전쟁터에서 죽음을 맞이했고 더럽고 추악한 왕의 계획은 성공하는 듯 했다. 우리아에 의해서 다윗의 모든 죄악이 드러나게 될 것을 두려워했지만 이제 그의 입은 닫혀졌고 아무도 죄를 말할 수 없게 되었다. 그러나 하나님은 다윗을 보고 있었고 우리아를 죽인 죄에 대해서 크게 진노하고 질책하였다. 하나님은 다윗 왕의 다른 죄악보다 이번 죄악에 대해서 크게 진노하였다. 왕이 범한 죄악의 잔인함과 심각성이 클 뿐 아니라 이번 죄악은 왕이 – 의도하지 않은 순간에 이루어진 것이 아니라 – 처음부터 끝까지 계획하고 준비한 결과였기 때문이다.

구약 성경은 많은 부분에서 다윗의 죄악을 기록하고 있다. 아히멜렉을 속인 사건, 가드왕 앞에서 미친 사람처럼 행동한 것, 나발을 죽이기 위해 행동한 것을 기록하고 있다.

> 언젠가는 사울이 나를 잡을 것이다. 그러니 지금은 블레셋 사람들의 땅으로 도망가는 것이 제일 안전하다. 그러면 사울은 이스라엘에서 나를 찾는 일을 포기할 것이며, 나는 사울에게서 피할 수 있을 것이다.
> (삼상 27:1)

이렇게 성경은 하나님을 불신하고 자신의 생각으로 행동하며 아들 압살롬의 죄에 대하여 무관심하며, 백성의 숫자를 계수한 일 등이 기록되었다. 그러나 열왕기상을 통해서 하나님은 다윗을 온전한 사람으로 표현한다.

> 왜냐하면 다윗은 언제나 여호와께서 보시기에 옳은 일을 했기 때문입니

다. 다윗은 헷 사람 우리아의 일 외에는 그의 평생에 하나님의 명령을 어긴 적이 없었습니다. (왕상 15:5)

그의 평생 동안에 우리아의 일 이외에는 하나님의 명령을 어긴 적이 없다고 하나님이 왕의 사후에 평가하고 있다. 우리아가 왕의 비열한 음모로 인해서 죽었다는 소식을 들었을 때 다윗의 계획은 극적인 성공을 이루었다. 여러 번에 걸친 실패가 살인으로 완전하게 성공하여 죄의 열매를 맺었다. 이제 왕은 아무런 감각 없이 요압을 격려했다.

다윗이 전령에게 말했습니다. "요압에게 이렇게 전하여라. '이 일로 염려하지 마라. 전쟁을 하다 보면 누구나 죽이고 죽을 수가 있다. 성을 맹렬히 공격하여 점령하도록 하여라.' 이 말을 전하여 요압에게 용기를 주어라." (삼하 11:25)

이스라엘의 충성된 우리아가 죽었지만 타락한 왕은 아무런 양심의 가책을 받지 않을 뿐만 아니라 죄로 인한 마음의 고통과 두려움도 전혀 가지지 않았다. 또한 이번 전쟁으로 인해서 우리아 이외에 다른 사람이 죽었다는 소식에도 아무런 죄의식을 가지지 않았다. 더럽고 추악한 명령을 따른 요압을 칭찬하며 '요압에게 용기를 주어라' 라고 격려했다.

밧세바는 자기 남편이 죽었다는 소식을 듣고 남편을 위해 울었습니다. (삼하 11:26)

이 울음은 가증한 통곡이며 하나님은 이것이 얼마나 가식적이라는 것을 알고 있다. 간음한 죄가 드러나고 그것으로 인해 죽어야 함에도 불구하고 우리아가 죽음으로 죄를 말할 수 있는 사람이 없어졌으니 밧세바의 마음이 얼마나 시원했겠는가! 남편의 죽음에 대한 통곡이 끝나자 왕은 밧세바를 왕궁으로 이끌어 아내로 삼고 아들을 낳게 했지만 이러한 행동은 하나님 보기에 악한 행동이었다. 왕은 자신의 정욕과 욕구를 채우고 마음을 기쁘게 했지만 하나님 얼굴 앞에서 큰 죄악을 저질렀다. 다윗의 죄를 보고 담대한 마음으로 죄를 따라 해서는 안 된다. 죄를 따라 동일하게 죄를 범하면 하나님의 심판 역시 동일하게 받게 된다. 하나님을 불쾌하게 하는 사람은 반드시 다윗과 동일한 자리에 서게 된다. 이렇게 질문을 할 수 있다. 어떻게 흉악한 죄를 저지르며 오랜 시간 동안 하나님 앞에 회개하지 않는 사람이 진정한 후손이 될 수 있는가! 이런 사람이 어떻게 성령의 거룩한 전이 되며 영광을 함께 할 수 있는 후사가 될 수 있는가! 성령께서 가르치는 것을 보면 이런 일이 불가능하지 않다는 것을 알게 된다.

이후에 왕은 진지하고 정직하게 겸손한 마음으로 회개하며 중생한 사람이라는 것을 확고하게 나타냈다. 중생을 입은 사람이라면 반드시 죄에 대한 회개를 가져야 한다. 이것이 없이는 진정한 그리스도인이라고 할 수 없다. 그러면 "왜 하나님께서 왕을 이토록 처절하게 타락하고 살인이라는 무서운 죄를 짓도록 놔두었는가?" 하는 질문을 해야 한다. 가능한 답변은 하나님께서 가지는 절대적인 주권을 나타내기 위함이라고 할 수 있다. 하나님께서는 죄인을 부르기 이전이나 이후에도 특별하고 특이한 사건을 통해서 주권적인 은혜를 나타낸다. 선택 받고 구원받은 사람이라 할지라도 죄에 대하여 경계하지 않고 회개하지 않으면 하나님은 철저하게 타락한 상태로 버려두기도 하며 반대의 경우도 존재한다. 질문에 대한 답변을 정리하면 선택받고 중생의 은혜를 가진 사람이라도 하나님은 이들이 처절하게 타락하게 내버리는 경우가 있다. 그러나 선택받은 사람들 중에는 처음부터 죄의 무서움을 깨닫고 이러한 죄악이 양심을 이기지 못하도록 하나님의 보호를 받는 경우도 있다. 이러한 특별한 보호와 타락에 대한 경고는 아주 특별한 경우이며 하나님의 신비로운 사역 중에 하나다. 이렇게 하나님의 주권에 관계된 일을 파헤치는 것은 하나님을 불쾌하게 한다. 이러한 신비스러운 사역 앞에는 오직 순종하는 마음뿐이다. "이 모든 것이 아버지의 일이며, 하나님 보시기에 좋은 일입니다" 하는 고백을 해야 한다. 아는 바와 같이 어떤 사람은 회심하기 이전에 더 많은 범죄를 저지르기도 하고 또 어떤 사람은 회심을 한 이후라도 더 추악한 죄악을 저지르기도 한다. 이 두 가지는 분명한 사실이다. 하나님은 어떤 경우에는 용서하는 은혜를 베풀기도 하며 또 다른 경우에는 죄를 억제하는 은혜를 주기도 한다.

죄에 대한 세 가지 사실을 기억해야 한다. 첫째, 아무리 작은 죄라도 하나님은 작게 여기지 않는다. 둘째, 하나님은 언제나 죄를 저주한다. 죄에 대하여 변명하거나 죄를 짓는 것을 쉬운 일로 생각해서는 안 된다. 셋째, 죄에 대하여 하나님의 절대적인 주권을 인식해야 한다. 우리가 아무리 이해 할 수 없는 상황과 환경에 있더라도 하나님은 자신이 기뻐한 뜻을 따라서 움직인다. 아무도 막을 수 없다. '왜 하나님께서 왕의 죄악을 내버려 두며 그토록 처참하게 타락하도록 버려두었는가?' 하는 질문에 두 번째 대답은 다음과 같다. 우리의 마음은 만물보다 거짓되며 심히 부패하다는 절대적인 진리를 알아야 한다.

하나님은 다윗에게 이것을 알도록 하기 위해서 처절하게 큰 타락과 좌절을 허락하였다. 모든 죄인은 성경이 말하는 인간의 참 모습을 인정하지 않는다. 성경이 아무리 명백하게 사실을 전해도 그 말을 절대적 진리로 인정하지 않는다. 그러나 하나님은 강한 어조로 이 사실을 말하며 그 증거로 왕의 마음속에 있는 죄악을 그대로 드러낸다. 또한 말로 표현 할 수 없을 정도로 악한 마음을 보임으로 타락한 인간의 마음이 어떤가를 보여준다. 하나님은 다윗이 모든 것을 이루어가는 모습을 통해서 나이가 들어가는 그리스도인을 향해서 경고한다. 모든 전쟁에서 승리한 이후에 패망하는 승리자들이 많다. 또한 큰 죄의 유혹을 성공적으로 이긴 후에도 영적으로 상처를 받는 사람도 있다. 다윗이 대표적인 인물이다. 왕이 그토록 처참하게 무너지고 죄의 지배를 받게 된 것도 오랫동안 하나님과 동행한 세월을 보낸 이후에 일어난 일이다. 왕은 오랜 시간동안 자신을 불의한 것으로부터 지키기 위해 노력했다. 이처럼 많은 그리스도인들이 성숙한 나이가 되어서 죄의 유혹에 빠지는 경우가 많다. 이들은 하나님이 맡겨주신 일을 마치기도 전에 죄와 싸우는 일을 멈추어 버렸다. 영혼 깊은 곳에 숨어 있는 죄를 찾아내고 추적하는 일 외에는 이길 방법이 없다. 골로새서 3:5절의 말씀처럼, 우리는 경주를 시작 할 뿐만 아니라, 동일한 방법으로 경주를 마쳐야 한다.

왕의 타락과 죄악을 통해서 죄인에게 은혜를 베풀고 회복시키는 하나님의 큰 능력을 본다. 만약 그리스도인이 전적으로 부패하고 타락한 인간 본연의 심성을 부정한다면, 예수의 피 흘림으로 이루어지는 은혜 역시 부인하는 것이다. 그리스도의 피가 주는 능력과 권세 그로 인해 얻어지는 하나님의 긍휼과 아버지 되는 것을 믿는 것 역시 불가능하게 된다. 만약에 왕이 이처럼 타락하지 않았다면 더러운 죄인에게도 부어주는 하나님의 긍휼을 알지 못하게 된다. 왕과 같이 처참한 죄를 저지르며 그 이후에 고통스러운 죄에 대한 고백과 회개 이것과 동시에 이루어지는 하나님의 용서가 성경에 없다면, 수세기 동안 많은 성도는 좌절과 절망에 빠져 있을 것이다.

이제 왕의 죄악에 대한 결론은 다음과 같다.

1. 죄를 시작할 수 있는 그 첫째 가능성을 경계해야 한다. 전쟁에 나가면 하나님이 허락한 의무를 수행해야 한다. 그러나 왕은 사명의 시간을 이용하여 육체의 정욕을 채웠고 육체의 간음으로 출발한 죄악은 충성된 신하를 살인하는 데 까지 이르렀다. 이런 일을 상상이나 할 수 있는가!

2. 범죄 했을 때 죄악을 고백하고 회개하기 보다는 감추고 피하고 외면하면 할수록 사단은 더욱 쉽게 영혼을 지배한다. 사단이 지배하는 영혼은 더 사악한 존재가 된다.

3. 왕의 타락과 살인을 통해서 죄악에 대하여 평안하고 안전한 장소가 없다는 것을 배운다. 이전에 하나님과 동행했던 추억들이 현재에 다가오는 시험과 죄의 유혹에서 우리를 보호하지 못한다.

4. 인간의 본성은 언제든지 변한다. 이전에 다윗 왕이 사울 왕의 옷의 한 부분을 베어 낼 때 다윗은 떨었다. 그러나 이제는 의지를 가지고 우리아를 살해할 계획을 세웠다.

5. 양심을 무시하기 시작하는 그 순간 모든 것은 멈춰 비린다. 양심의 모든 감각이 둔해지고 무뎌지며 사단의 지배를 받게 된다.

6. 죄를 짓고 이웃과 친구의 눈은 피 할 수 있지만 죄는 언제나 하나님의 분노의 대상이며 불쾌하게 만든다. 사람이 먼저 고소하는 것이 아니라 죄가 먼저 죄인을 고발한다.

9. 죄를 알게 되는 왕

삼하 12:1-6

여호와께서 나단을 다윗에게 보내셨습니다. 나단은 다윗에게 가서 이렇게 말했습니다. "어떤 성에 두 사람이 있었습니다. 한 사람은 부자였고, 다른 사람은 가난했습니다. 부자에게는 양과 소가 아주 많았습니다. 하지만 가난한 사람에게는 사서 키우는 어린 암양 한 마리밖에 없었습니다. 가난한 사람은 그 양을 먹여 길렀습니다. 양은 가난한 사람의 아이들과 함께 자랐습니다. 양은 가난한 사람이 먹을 음식과 마실 물을 나누어 먹으며 자랐습니다. 양은 가난한 사람의 팔에서 잠을 잤습니다. 양은 가난한 사람에게 마치 딸과도 같았습니다. 그런데 어떤 나그네가 부자를 찾아왔습니다. 부자는 나그네에게 음식을 대접하고 싶었습니다. 그러나 부자는 나그네에게 음식을 주기 위해 자기의 양이나 소를 잡고 싶지는 않았습니다. 그 대신 부자는 가난한 사람의 양을 빼앗았습니다. 부자는 그 양을 잡아서 나그네를 위해 음식을 만들었습니다." 다윗은 그 부자에 대해서 크게 화를 냈습니다. "살아 계신 여호와께 맹세하지만 이 일을 한 사람은 죽어야 한다. 그 사람은 그런 일을 한 대가로 양을 네 배로 갚아 주어야 한다. 그는 무자비한 사람이다."

죄를 알게 되는 왕

사무엘하 12장

✿

우리아를 살인하고 그의 아내를 도둑질한 사건 이후 몇 개월의 시간이 흘러갔다. 이후 왕은 훔친 것으로 만족하고 즐거운 시간을 보냈다. 우리아를 살인 한 것은 죄의 정욕을 채우는 장애물을 없앤 것이다. 이제 모든 것이 왕의 것이 되었다. 왕궁의 생활은 편안하고 즐거웠으며 죄에 대한 죄책감은 이미 없어진지 오래이다. 그런데 이상한 것은 하나님이 잠잠히 있다. 이전에는 모든 일에 간섭한 하나님이 너무나 조용히 있다. 우리아를 죽인 이후 몇 개월의 시간이 흘러갔지만 왕의 양심은 이미 무너져 있었고 아무런 죄책감도 느끼지 않았다. 그러나 여기에 모든 것을 처음부터 끝까지 지켜보고 있는 분이 있었다. 바로 하나님의 거룩한 눈이다. 하나님의 눈은 처음부터 모든 것을 보고 있었고 하나님의 거룩한 의는 절대 죄를 용서하지 않는다.

너희가 이러한 일을 할 때에도 나는 잠잠히 있었다. 아마 너희는 나를 너희와 똑같이 생각했을 것이다. 그러나 이제 내가 너희를 꾸짖으며 너

희의 죄를 하나하나 드러낼 것이다. (시 50:21)

어떤 경우에는 하나님께서 성도가 정욕으로 죄 짓는 것을 내버려 두는 경우도 있지만, 그 죄를 즐기고 만족하고 기뻐하도록 심판을 늦추지는 않는다. 욥기 20장은 악인이 당하게 되는 고통을 설명한다.

그가 악이 달콤해서 자기 혀 밑에 감추고, 악을 원하여 없애기 싫어하고 자기 입 속에 숨긴다면, 그의 음식이 위 속에서 뱀의 독으로 변할 것이네. 악인은 입으로 재산을 삼키겠지만, 하나님께서 그 재물을 토하게 하신다네. 악인이 독사의 독을 삼키니, 그는 뱀이 문 것처럼 그 독 때문에 죽게 되지. 악인은 젖과 꿀이 흐르는 강을 볼 수 없네. 얻은 것을 삼키지 못하고 돌려주어야 하고, 장사로 얻은 이익도 누리지 못하네. 그것은 악인이 가난한 사람을 못살게 굴고 모른 척했기 때문이지. 그는 자기가 짓지도 않은 집을 강제로 빼앗았지. 악인은 항상 만족할 줄 모르고, 욕심이 가득해서 아무것도 놓지 않으려 하네. 악인은 무엇이든지 되는 대로 집어삼키지. 그래서 재산이 남아 있지 못한다네. 그러니 풍족함 속에서도 재앙을 당하고 불행하게 되는 것이네. 배를 채우려고 하지만, 하나님께서 진노하셔서 그를 치신다네. 악인이 철로 된 무기를 피하면, 놋화살이 그를 찌를 것일세. 그가 자기 등에서 그 화살을 빼내고 간에서 번쩍이는 촉을 꺼내니, 공포가 그를 사로잡네. 캄캄함이 악인의 보물을 덮고, 풀무질도 하지 않은 불꽃이 입을 벌려 그를 삼키고, 그 집에 남은 모든 것을 태울 것일세. (욥 20:12-26)

하나님은 결코 죄를 버려두거나 심판하지 않고 지나치지 않기에 다른 사람의 죄로 인해 실망하거나 불평할 필요없다. 하나님은 분명 죄의 책임을 요구한다. 더러운 죄의 즐거움이 성도의 소망이 될 수는 없다. 하나님은 죄의 즐거움을 허락하지 않는다. 의인은 잠깐 지나가는 악의 즐거움에 비싼 가격을 지불하지 않는다. 또한 심판을 알면서도, 잠깐의 악을 즐겁게 즐길 사람은 없다. 이것은 정답이다. 의인의 양심은 죄에 대하여 경고하며 양심의 가책을 느끼게 하지만 이것이 죄인으로 하여금 참된 회개의 고백이 되게 하지는 않는다. 그러나 양심의 소리로 인해 죄 짓는 것에 대한 불편한 마음을 가지게 된다. 그리스도인이 죄로 인해 즐거움을 누리기 위해서는 하나님과 양심을 포기하는 비싼 대가를 치러야 한다. 도둑질한 것으로 인해 잠시 즐거울 수 있다.

> 속여서 얻은 음식은 정말 맛있는 것 같지만, 나중에는 입 안에 자갈이 가득할 것이다. (잠 20:17)

그러나 죄인은 양심의 가책과 하나님의 형벌로 인해 오래가지 않아 죄를 고백하게 된다.

> 내가 빠져 나갈 수 없도록 가두시고 무거운 사슬로 매셨다. 내가 부르짖어 도움을 청했으나 내 기도를 듣지 않으셨다. 돌로 내 앞길을 막으시고 내 삶의 길을 어렵게 만드셨다. 주께서는 엎드려 기다리는 곰과 같으시며 숨어서 기다리는 사자와 같으시다. 나를 그릇된 길로 이끄시고 갈기갈기 찢으셔서, 쓸쓸한 곳에 내버려 두시며 나를 과녁으로 삼아 활을 당기신다. 주께서 화살통의 화살로 내 심장을 맞추셨으니 내가 내 모든 백성에게 조롱거리가 되었고 그들은 하루 종일 노래를 부르며 나를 놀려댄다. 주께서 나를 쓴 것으로 배불리시고 고통으로 채우셨다. 주께서 자갈로 내 이를 부수시고 나를 재속에 밀어 넣으셨다. 이제는 내게 평안이 없다. 행복이 무엇인지도 잊어 버렸다. (애 3:7-17)

그러나 성경은 이상하게도 다윗이 우리아를 죽인 이후 그의 영혼과 양심이 겪어야 하는 고통에 대해서 말하지 않는다. 그러나 이후에 시편을 통해서 왕이 얼마나 큰 절망으로 회개 했는지 알게 된다. 죄를 짓고 바로 회개하면 양심의 짐이 가벼울 수도 있다. 그러나 세월이 흘러 갈수록 죄의 무게는 감당 할 수 없게 된다.

> 내가 토설하지 않을 때 (시 32:3)

계속해서 왕의 양심이 죄를 고백하게 했지만 아무 말도 하지 않았다. 무슨 변명을 할 수 있었을까! 시편 32편은 다윗이 당해야 했던 고통에 대해서 말한다.

> 내가 죄를 고백하지 않고 입을 다물고 있을 때, 뼛속 깊이 사무치는 아픔을 느끼고 온종일 괴로워 신음하였습니다. (시 32:3)

왕은 아직도 죄에 대한 깊은 회개를 하지 않고 있지만 양심에서 들리는 죄의 소리를 참을 수가 없었다.

> 낮이고 밤이고 주께서 손으로 나를 짓누르시니 무더운 여름날 과일의 진액이 빠지듯 탈진하게 되었습니다. (시 32:4)

하나님의 거룩한 능력이 그를 죽일 정도로 누르고 있지는 않지만 죄를 자각하기 시작했다. 그의 왕궁의 편안함과 안락함이 양심으로부터 나오는 격한 소리를 거절 할 수 없었다. 왕은 모든 것을 다 할 수 있지만 죄에 대한 회개를 요구하는 양심의 소리를 부인 할 수 없었다. 아침의 해와 밤에 빛나는 달빛은 피할 수 있을 지라도 하나님의 양심에 대한 가책은 피할 길이 없었다.

왕은 불로 달군 인두로 옆구리를 찌르는 듯한 고통과 생명이 빠져 나가는 느낌이 들었다. 이렇게 강한 고통과 계속되어진 양심의 가책을 듣고 있지만 다윗은 이렇게 일 년이라는 시간을 버티었다.

그러나 다윗은 이후에 이 사건을 통해서 죄는 하나님 앞에 큰 실수이며 어떠한 죄악이라도 영혼에 만족을 주지 못하는 것을 알았다. 죄로 인해 잠깐 동안 만족을 가진다 할지라도 반드시 함께 망한다. 죄는 처음에는 사람을 흥분하게 하고 즐거움을 주는 것 같지만 후에는 쓰디쓴 심판이 되어 돌아온다. 죄의 즐거움은 나중으로 갈수록 사람을 괴롭게 한다. 처음에는 즐겁지만 죄의 결과는 쉬지 않고 오랫동안 남아서 우리를 괴롭힌다. 시편 51편은 분명하게 말한다.

> 주의 구원에 대한 기쁨을 내게 다시 주셔서 내가 주께 순종하게 하소서. 그러면 내가 나쁜 일을 하는 사람들에게 주의 길을 가르치겠습니다. 그렇게 되면 죄인들이 주께로 돌아올 것입니다. 오 하나님, 사람을 죽인 죄에서 나를 건져 주소서. 하나님, 주는 나를 구원하시는 분이시니 내 입이 주의 의로우심을 노래할 것입니다. 오! 주여, 주께서 제 입술을 열어 주셔서 제가 주를 찬양하게 하소서. (시 51:12-15)

다윗이 살 길은 겸손하게 자신을 낮추고 거룩한 회개의 능력을 구하며 진실하게 마음의 죄를 고백하고 회개하는 것이다. 죄를 말하지 않는 한 그에게 어떠한 평화와 안식도 없을 것이며 하나님과 동행하며 교제하는 즐거움을 기대 할 수 없다. 여기서 저자가 말하는 것은 죄 앞에 빨리 회개하라는 것이다. 양심에 오랫동안 죄를 남겨두는 것은 자살하는 것과 동일하다. 매일 저녁 잠들기 전에 모든 죄를 하나님 앞에 고백하고 회개하며 용서의 은혜를 구해야 한다.

양심 가운데 오랜 시간 죄를 묵혀두면 죄는 분명히 부패하고 하나님의 진노는 더욱더 커지며, 회개하지 않는 게으름은 영혼을 무감각하게 만든다.

> 내 몸의 상처가 점점 더 곪아 냄새나는 것은 내가 저지른 어리석은 죄들 때문입니다. (시 38:5)

시편기자가 말하는 "곪아 냄새나는 것은" 범죄 후 빨리 회개하지 못해서 일어나는 부패의 냄새다.

사무엘하 11장에서 하나님은 다윗의 행위가 악하였다고 말한다. 이 말씀을 메튜헨리는 이렇게 해석한다.

> 우리는 이렇게 생각 할 수 있다. 죄를 짓고 회개하지 않는 다윗 왕에게 원수의 군대를 보내고 죽음의 사자들을 보내어 왕을 심판해야 한다. 그러나 하나님의 은혜는 선지자 나단을 보내었다. (삼하 12:1)

이 구절에서 하나님이 얼마나 자비로우며 은혜가 풍성한지 알게 된다. 하나님은 의를 주장하고 하나님의 공의를 요구하는 사람들이 불평할 정도로 용서의 은혜를 베푼다. 또한 "죄를 너무 가볍게 하는 게 아닌가?" 할 정도로 풍성한 은혜를 준다. 육신의 자랑에 속한 사람은 하나님의 뜻을 알 수 없다. 하나님의 지혜는 육신에 속한 사람에게는 미련하게 보인다. 다윗은 죄로 인해 멀리 떠나고 타락했지만 하나님이 그를 버리지 않았다.

> 비틀거릴지라도 넘어지지 않을 것입니다. 왜냐하면 여호와께서 그의 손을 붙잡고 계시기 때문입니다 (시 37:24)

하나님은 자신이 선택한 사람을 쉽게 버리지 않는다. 백성이 목자를 떠나 멀리 도망 갈 지라도 하나님은 다시 잃어버린 양을 찾는다. 얼마나 신실한 하나님인가! 이것이 하나님의 큰 사랑이다. 하나님은 끝까지 찾아내며 치료하고 끝없는 사랑을 베푼다.

> 여호와께서 나단을 다윗에게 보내셨습니다. (삼하 12:1)

왕이 선지자 나단을 요구하지 않았지만 지금 상황은 왕이 먼저 선지자를 불러 죄악을 의논해야 했다. 그러나 먼저 보낸 분은 하나님이다. 우리는 동일한 경험을 한다. 언제나 먼저 하나님이 찾지 우리가 먼저 찾는 경우는 없다. 모세가 광야에서 어려운 시절을 보내고 있을 때 하나님은 떨기나무의 불꽃으로 찾아 왔다. 엘리야가 이세벨의 저주를 피해 달아 날 때도 하나님이 먼저 찾아 왔다. 요나와 베드로의 경우도 동일하다. 이것은 하나님의 큰 은혜며 언제나 마음에 위안과 평안을 주는 말씀이다.

> 그러나 우리가 신실하지 못할 때에도, 주님은 우리에게 신실하게 대하십니다. 왜냐하면 그분은 자기를 부인할 수 없으시기 때문입니다 (딤후 2:13)

하나님은 죄를 다스리며 용서하지 않으며 채찍으로 죄악을 징계한다고 경고한다. 그러나 시편 89편의 말씀으로 위안을 얻는다.

> 내가 막대기로 그들의 죄를 다스리고 채찍으로 그들의 잘못을 칠 것이다. 그러나 내 사랑만은 거두지 않을 것이며, 나의 성실함만은 지킬 것이다. (시 89:32,33)

다윗은 죄악으로 넘어졌으나 하나님의 약속을 향한 믿음이 있었다. 매튜 헨리는 그의 책에서 다윗의 고백을 이렇게 묘사했다.

"이처럼 하나님께서는 내 집안을 돌봐 주셨다. 하나님께서는 나와 영원한 약속을 맺어 주셨고 모든 일에 올바르고 든든한 약속을 해 주셨다. 이 약속은 나의 구원이며, 이 약속은 내가 가장 기뻐하는 것이다. 진실로 주께서는 그 약속을 이루이 주실 것이다."

이 일은 11장의 사건이 있은 후 1년 정도의 시간이 지난 후의 일이다. 사무엘하 12장 14절을 보면 간음으로 아이가 태어났기에 일 년 정도의 시간이 지난 것으로 본다. 그리스도인도 죄로 인해서 타락 할 수 있다. 비록 하나님께서 이것을 보고 있을 지라도 죄인들이 죄로 인해서 편안하게 살아가는 것은 용서하지 않는다.

죄는 하나님의 거룩함을 드러낸다. 하나님은 죄를 미워하고 죄인으로 하여금 하나님이 죄를 미워한다는 사실을 알게 하며 회개하지 않는 자를 심판한다는 사실을 알게 한다. 이렇게 죄를 통해서 하나님의 거룩함은 더욱 뚜렷해진다. 하나님의 긍휼은 죄로 절망에 빠진 사람을 불러 일으키며 용서하며 죄를 버리게 한다. 이처럼 하나님의 거룩한 성품은 다양하게 나타난다.

> 사람들이 돈 때문에 정직하지 않음으로 내가 노하였다. 그들을 심판하였고, 진노 가운데 그들에게서 돌아섰다. 그런데도 그들은 악한 짓을 버리지 않았다. 나는 그들이 한 행동들을 지켜보았다. 그러나 나는 그들을 고쳐 줄 것이다. 나는 그들을 인도하고 슬퍼하는 사람들을 위로해 줄 것이다. (사 57:17,18)

하나님께서 선지자 나단을 다윗에게 보냈다. 선지자의 역할은 두려운 것이 될 수도 있다. 사단과 죄의 지배를 받는 왕을 혼자서 대면해야 한다. 이 왕은 살인도 쉽게 하며 아직도 용서를 구하지 않고 있다. 하나님은 죄 지은 성도를 혼자 버려두지 않으며 죄를 잊어버리거나 무관심하지 않는다. 모든 죄악은 하나님 앞에 반드시 드러나며 하나님의 심판을 받는다. 또한 죄를 지은 사람은 하나님의 고소를 받아야 하지만 죄가 넘치는 곳에 하나님의 긍휼과 은혜가 넘쳐난다. 죄가 있는 곳에 하나님의 의가 있다는 사실은 놀라운 것이다. 하나님의 거룩한 의는 다윗의 죄악에 대한 심판을 요구한다. 그러나 하나님의 은혜와 긍휼은 죄로 넘어진 다윗을 일으켜 세우기 원한다.

이런 하나님의 긍휼이 선지자 나단을 보내게 했다. 나단이 부르심을 받았을 때 무척 놀랐을 것이다. 왕의 죄악을 밝혀내고 비판하는 일은 어려운 일이지만 선지자는 이런 일을 해야 한다. 많은 목회자들이 설교를 통해서 회중의 죄악을 말해야 하는 경우가 있다. 그래서 설교의 비판 강도를 낮게 하거나 무디게 하고자 하는 유혹을 받는다. 그러나 대가를 치루지 않는다면 죄를 비판 할 수 없다. 사도 바울은 언제나 담대하게 복음을 전하기 위해서 노력했다. 에베소서 6장 18,19절에서 담대하게 복음을 전할 수 있기를 기도했다. 지금 세상은 목회자로 하여금 부드럽고 조용하게 복음을 전하라고 요구하지만 하나님의 칼끝을 무디게 하는 유혹에 빠져서는 안 된다. 어떤 희생을 치러서도 이 일은 지켜야 한다. 나단 선지자가 왕을 찾은 것은 이번이 두 번째다. 첫 번째 방문은 위로와 약속의 말씀을 전하기 위해서 왔다. 그러나 두 번째 방문은 죄를 심판하기 위해서다. 어려운 사명을 받았지만 성실하게 이 일을 행한다. 왕 앞에 당당하게 서야 하며 죄를 정확하게 말해야 한다.

> 여호와께서 나단을 다윗에게 보내셨습니다. 나단은 다윗에게 가서 이렇게 말했습니다. "어떤 성에 두 사람이 있었습니다. 한 사람은 부자였고, 다른 사람은 가난했습니다. 부자에게는 양과 소가 아주 많았습니다. 하지만 가난한 사람에게는 사서 키우는 어린 암양 한 마리밖에 없었습니다. 가난한 사람은 그 양을 먹여 길렀습니다. 양은 가난한 사람의 아이들과 함께 자랐습니다. 양은 가난한 사람이 먹을 음식과 마실 물을 나누어 먹으며 자랐습니다. 양은 가난한 사람의 팔에서 잠을 잤습니다. 양은 가난한 사람에게 마치 딸과도 같았습니다. 그런데 어떤 나그네가 부자를 찾아왔습니다. 부자는 나그네에게 음식을 대접하고 싶었습니다. 그러나 부자는 나그네에게 음식을 주기 위해 자기의 양이나 소를 잡고 싶지는 않았습니다. 그 대신 부자는 가난한 사람의 양을 빼앗았습니다. 부자는 그 양을 잡아서 나그네를 위해 음식을 만들었습니다." (삼하 12:1-4)

선지자는 직접 왕의 죄악을 드러내지 않았다. 비유와 예화를 들어서 왕의 양심을 찌르기 시작했다. 이렇게 비유로 얘기 할 수밖에 없는 현실이 우리를 슬프게 한다. 다윗이 얼마나 하나님과 멀리 떨어져 있으면 음성을 직접 듣지 못하고 이렇게 비유로 들어야 하는가! 왕은 언제나 하나님과 직접 대화를 나누었다. 하나님은 언제나 선택한 사람에게 직접 계시를 주었다. 이번처럼 비유를 들어 설명한 적은 다윗이 처음이다. 나단 선지자의 이러한 비유는 죄의 질책으로 인해서 발생할 모든 불리한 일들을 막아냈다.

왕의 숨겨진 죄가 드러남으로 그의 교만한 마음과 자존심이 분노를 일으키지 않도록 나단 선지자는 비유를 들어 말했다. 왕의 분노를 없애면서 선지자는 왕이 스스로 자신의 죄에 대해서 판단을 내리도록 했다. 나단은 분명히 하나님의 지혜를 받고 있다. 선지자의 비유는 두 가지 효과적인 일을 한다. 하나는 의로운 분노를 일으키며 다른 하나는 애통한 마음을 가지게 한다. 이 이야기는 어떻게 하든지, 불쌍한 사람의 편에 서서 이야기를 듣게 한다. 왕은 부자의 무자비한 행동으로 인해 분노하기 시작했다. 나단은 죄악의 비열한 부분을 드러낸다. 먼저 왕이 가지고 있는 의로운 마음이 일어나게 하며 그 죄를 통해서 자신의 죄악을 알도록 했다. 이 모든 것이 왕의 마음을 부드럽게 하면서 이루어졌다. 물론 왕의 죄악에 동참한 사람들의 죄도 확실하게 말해야 했지만 먼저 왕의 죄악이 가지는 비참함을 말했다. 하나님의 영적인 빛을 잃어버린 사람은 자신이 죄악 가운데 얼마나 깊이 빠져 있는지 모른다.

하나님과 멀어지면 영적인 분별력 역시 잃어버린다.

다윗은 그 부자에 대해서 크게 화를 냈습니다. "살아 계신 여호와께 맹

세하지만 이 일을 한 사람은 죽어야 한다." (삼하 12:5)

왕은 이 일이 자기를 두고 한 말인지 알지 못했다. 자신의 죄악은 완전히 잊어버리고, 이런 일을 한 사람에 대한 분노를 이기지 못하여 그 사람을 죽이겠다고 맹세한다. 다윗 왕은 이야기에 등장하는 사람들을 판단하고 심판하면서 자기 입으로 동일하게 자신을 심판하고 있다. 우리의 마음이 이렇다. 자신 앞에 온갖 쓰레기 같은 것을 가지고 있으면서도 그 마음으로 다른 사람을 심판하고 판단한다. 이웃의 죄에 대해서는 의롭게 행동하면서 자신의 죄에는 눈을 감아버린다. 로마서 말씀을 기억해야 한다.

그러는 여러분이 다른 사람은 가르치면서, 왜 여러분 자신은 가르치지 않습니까? 다른 사람에게는 도둑질하지 말라고 설교하면서, 여러분 자신은 왜 도둑질을 합니까? 간음하지 말라고 말하면서 여러분은 왜 간음을 행합니까? 우상은 미워하면서, 여러분은 왜 신전에 있는 물건을 훔칩니까? 율법이 있다고 자랑하면서도 그 율법을 지키지 않음으로써 하나님을 욕되게 하는 까닭은 또 무엇입니까? (롬 2:21-23)

우리는 자신의 죄에 대해서는 관대하며 쉽게 용서하지만 이웃과 형제의 죄를 보고는 그냥 넘어가지 않는다. 반드시 예리한 칼로 뒤지듯이 상처를 내며 괴롭힌다.

나단 선지자는 다윗의 맹세를 들었고 단호한 말투로 말한다.

그러자 나단이 다윗에게 말했습니다. "왕이 바로 그 사람입니다. 이스라

엘의 하나님 여호와께서 이렇게 말씀하십니다." (삼하 12:7,8)

지금 나단 선지자는 하나님의 말을 전하고 있다. 죄를 깨닫게 하는 하나님의 은혜를 세 가지로 생각할 수 있다. 첫째 7,8절을 통해서 하나님께서 왕에게 허락한 은혜를 기억나게 한다. 이 약속 중에는 아내를 선택할 수 있게 허락했다. 둘째 8절에 왕이 소망하면 더 많은 것을 허락 하겠다고 한다. 만일 다윗 왕이 하나님 앞에 이것을 더 많이 요구하면 허락하겠다고 말한다. 셋째 이제 왕을 책망하기 시작한다.

그런데 너는 왜 나 여호와의 명령을 무시했느냐? 왜 나 여호와가 악하다고 말씀한 일을 했느냐? 너는 헷 사람 우리아를 암몬 사람들 칼에 죽게 했다. 그리고 너는 그의 아내를 빼앗아 네 아내로 만들었다. (삼하 12:9)

모든 죄악은 하나님의 권위를 모욕하며 하나님의 정의를 시험하는 행동이다. 율법을 어기는 것은 만든 자를 조롱하는 것이다. 이것은 율법이 아무것도 아닌 것처럼 행동하고 죄에 대한 심판이 아무런 위협이 되지 못한다고 여기는 것이다. 이제 다윗이 죄를 고백한다.

그러자 다윗이 나단에게 말했습니다. "내가 여호와께 죄를 지었소." (삼하12:13)

이 고백은 잠시 죄를 피하기 위한 것이 아니라, 다윗 왕의 진심이 담긴 말이다.

10. 용서 받는 왕

삼하 12:7-14

그러자 나단이 다윗에게 말했습니다. "왕이 바로 그 사람입니다. 이스라엘의 하나님 여호와께서 이렇게 말씀하십니다. '나는 너를 이스라엘의 왕으로 세워 주었다. 나는 너를 사울에게서 구해 주었고 사울의 나라와 사울의 딸을 아내로 너에게 주었다. 그리고 나는 너를 이스라엘과 유다의 왕으로 세워 주었다. 너에게 부족한 것이 있었다면 나는 너에게 더 많은 것을 주었을 것이다. 그런데 너는 왜 나 여호와의 명령을 무시했느냐? 왜 나 여호와가 악하다고 말씀한 일을 했느냐? 너는 헷 사람 우리아를 암몬 사람들 칼에 죽게 했다. 그리고 너는 그의 아내를 빼앗아 네 아내로 만들었다. 그러니 이제 너의 집안에는 언제나 칼로 죽는 사람이 있을 것이다. 네가 나를 존경하지 않음을 내가 보았기 때문이다. 너는 헷 사람 우리아의 아내를 빼앗았다.' 여호와께서 또 이렇게 말씀하십니다. '너의 집안 사람들이 너에게 재앙을 일으킬 것이다. 네가 보는 앞에서 내가 너의 아내들을 빼앗아서 너의 아주 가까운 사람들에게 줄 것이다. 그 사람이 대낮에 너의 아내들과 잠자리를 함께 할 것이다.

너는 남몰래 밧세바와 함께 잠을 잤다. 그러나 나는 이스라엘의 모든 백성이 이 일을 알게 할 것이다.'" 그러자 다윗이 나단에게 말했습니다. "내가 여호와께 죄를 지었소." 나단이 대답했습니다. "여호와께서는 왕의 죄를 용서하셨습니다. 왕은 죽지 않을 것입니다. 그러나 왕이 한 일 때문에 여호와의 원수들이 여호와를 경멸하고 모욕할 기회를 주었으니 왕에게서 태어난 아기는 죽게 될 것입니다."

용서 받는 왕

사무엘하 12장

✿

하나님에 대한 믿음이 자랄수록 숨어 있는 죄의 비열함을 발견하며 죄를 짓고자 하는 욕구가 죄를 용서하는 은혜보다 더 선명해지는 것을 알게 된다. 내가 죄인이라는 것은 하나님의 무한한 사랑과 용서를 통해서 확고해진다. 말씀을 통해서 내가 어떤 존재며 어떤 상태에 있는지 정확하게 알 수 있다. 성경이 가진 중요한 원리는 인간의 죄와 하나님의 은혜이다. 성경은 언제나 죄의 원인과 은혜의 결과를 설명하며 이것에 대한 많은 실례를 통해서 죄와 은혜를 설명한다. 이 말이 이상하게 생각될 수 있지만 하나님과 사람사이에 이루어지는 것은 죄에 반응하는 하나님의 은혜다. 이 두 가지가 다윗의 삶에서 분명하게 나타난다.

죄는 왕을 최악의 상태로 몰아넣었다. 마치 시궁창에서 사는 것처럼 만들었다. 그러나 하나님의 은혜는 죄악에서 건져내어 깨끗한 사람으로 변화 시켰다. 언제나 더럽고 추악한 죄악은 하나님의 거룩한 은혜를 더욱 선명하게 보이게 하는 검은 배경 역할을 한다. 왕은 하나님이 선택한 사람이다. 하나님은 왕을 사랑하였고 높은 영광을 가지게 했다. 세상에서 이처럼 큰 은혜를 입은 사람도 없을 것이다. 그러나 한 순간의 죄악으로 모든 것이 무너졌다. 이것이 죄가 가지는 무서운 힘이다. 이렇게 타락하고 악한 범죄자가 되었지만 거룩한 은혜는 왕으로 하여금 회개하고 용서 받는 은혜를 제공했다. 이러한 은혜를 직접 보는 것은 큰 교훈을 준다. 하나님이 사울을 언약의 후손으로 세우지 않았기 때문에 사울은 아주 작은 죄로도 버림받았다. 여기에 사울을 버리고 다윗을 택한 하나님의 거룩한 주권이 있다.

성경은 왕의 악한 범죄를 철저하게 기록하였고 죄를 고백하고 회개하며 징계를 받는 모습도 동일하게 기록했다. 왕이 어떻게 죄인 된 마음으로 용서를 구했는지 성경은 자세하게 말한다. 이 모든 기록은 후대를 사는 우리의 영적인 유익을 위한 일이다. 지금까지 살펴본 것을 정리하면 다음과 같다. 첫 번째 육체의 정욕은 아무리 중생의 은혜를 체험한 사람이라도 죄의 열매를 맺게 한다. 죄는 가장 강력한 힘을 가지며 비열한 능력을 보여준다. 두 번째 죄의 유혹에 빠져 죄 가운데 있을 때 그 결과로 인해 감당해야 할 고통을 알게 된다. 자발적으로 죄의 쓴 잔을 마셔야 할 때 그 고통을 경험하지 못한 사람은 아무것도 모를 것이다. 세 번째 지금 죄로 인해 모든 것이 슬프고 어려운 경우에 있을 지라도 하나님은 거룩한 은혜로 피할 길을 열어 준다.

위의 두 가지에 대해서는 이전 장에서 자세히 살펴보았다. 이제 세 번째 피할 길을 허락하는 하나님의 은혜를 집중적으로 보기로 하자. 시편을 통해서 다윗 왕이 악한 죄를 어떻게 고백하고 용서 받았는지 알 수 있다. 먼저 살펴 볼 것은 회개에 관한 시편 중에 제일 마지막에 있는 시편이다. 이것은 다윗 왕이 작성 했을 가능성이 제일 높다.

> 여호와여, 깊은 절망 속에서 내가 주께 부르짖습니다. (시 130:1)

하나님께서 허락하는 죄악과 고통의 깊이는 다양하게 나타난다. 금전적인 손해와 가족을 잃어버리는 일, 질병을 얻는 일 등 이렇게 여러 가지 방법을 통해서 다가온다. 고통의 깊이가 다른 만큼 성도가 빠지는 죄의 깊이도 다르다. 죄에 빠지는 깊이에 따라 죄책감과 절망의 깊이 역시 다르다. 하나님께서는 죄인들을 향해 그 은혜의 얼굴을 가림으로 죄에 고통을 더하기도 한다. 또한 사단의 방해와 저주도 그 깊이가 다르다. 시편 130편은 사단이 쳐 놓은 올무와 함정에 빠져 고통과 양심의 죄책을 당하지만 하나님의 은혜를 통해서 회복되는 고백을 그려낸다. 이 구절은 이렇게 말할 수 있다. "하나님! 저는 죄와 분노로 인해 큰 슬픔과 고난 가운데 있습니다. 죄악이 저를 감싸 안으며 그 파도가 덮치고 있습니다. 그러나 지금 당하고 있는 고난과 절망의 깊이가 아무리 깊더라도 하나님의 은혜로 다시 일어나리라는 소망이 저를 지켜줍니다. 원하는 것은 오직 하나님이 저를 일으켜 세우는 것입니다. 이렇게 하나님 앞에 나올 때 죄로 인한 고통과 저주로 인한 슬픔을 가지고 부지런하며 간절한 마음으로 간구합니다. 제가 안식을 얻지 못하더라도 하나님을 포기 할 수 없습니다. 하나님! 저의 간구의 울부짖음에 응답하여 주시옵소서."

영혼이 절망 가운데 있다면 오직 하나님만이 구원할 수 있다. 온전하게 영혼 안에 있는 죄악을 회개함으로 하나님 앞에서 소생할 수 있다. 영혼은 계속해서 절망 가운데 있을 수 없다. 또한 다른 방법을 통해서 소생하는 것은 절대 불가능하다.

> 앗시리아는 우리를 구할 수 없습니다. 이제는 우리 군사력을 의지하지 않겠습니다. 다시는 우리 손으로 지은 것을 우리 하나님이라고 부르지 않겠습니다. 주께서는 고아와 같은 우리에게 자비를 베푸셨습니다. (호 14:3)

시편 기자는 이렇게 비참하게 낮아진 위치에서 하나님의 도움을 구했다. 이 도움은 하나님이 허락해야 하는 것이다. 다윗 왕의 간청은 허무한 것이 아니었다. 이처럼 왕의 간절한 기도를 배워야 하며 그와 비슷한 어려움을 당한다면 간곡하게 하나님의 도움을 구해야 한다.

이 글을 읽고 있는 여러분의 고통이 아무리 깊고 비참하며 궁핍하다 할지라도 희망은 언제나 있다. 아무리 절망적이고 좌절하게 된다 할지라도 희망은 반드시 있다. 다윗은 죄악 가운데 간청했고 하나님의 긍휼함을 입었다. 우리가 받아야 할 약속이 바로 이것이다.

> 그러므로 하나님의 보좌 앞에 담대하게 나아갑시다. 그 곳에는 은혜가 있으며, 우리는 때에 따라 우리를 도우시는 자비와 은혜를 받을 수 있습니다. (히 4:16)

죄의 수렁과 불순종의 깊은 바다에서 부르짖은 것은 다윗뿐만 아니었다. 요나는 하나님의 명령을 버리고 자신이 선택한 길로 갔다. 그런 다음 자고 있던 배에서 던져져 물고기 뱃속에서 살게 되었다.

> 내가 고통 중에서 여호와께 기도했더니, 주께서 내게 응답하셨습니다. 내가 죽게 되었을 때에 부르짖었더니, 주께서 내 목소리를 들어 주셨습니다 (요 2:2)

다윗이 하나님께 나아갈 수 있었던 것은 하나님의 풍성한 은혜가 있었기 때문이며 이것이 끊을 수 없는 소망이 되었다.

> 여호와여, 만약 주께서 죄를 기록하셨다면, 주여, 누가 견뎌 낼 수 있겠습니까? 그러나 용서하심이 주께 있으니 사람들이 주를 두려워하며 높입니다. 내가 여호와를 기다리고, 또 기다립니다. 나는 주의 말씀에 나의 소망을 두고 있습니다. (시 130:3-5)

위의 말씀 3절에서 왕은 자신이 가지고 있는 의가 아무 소용없음을 고백한다. 그리고 만약에 하나님께서 모든 죄악을 살펴본다면 자기에게는 아무런 희망이 없다고 말한다. 4절에서 하나님에게는 용서하는 은혜가 있다고 한다. 용서를 받기 위해서는 조용하게 그 은혜를 기다려야 한다. 이러한 용서를 악용해서는 안 된다. 하나님이 허락한 용서를 이용하여 죄를 짓는 일에 사용하는 것은 하나님을 조롱하는 것이다. 5절에 은혜와 평안함, 소망이 하나님께 있다고 한다.

시편 130편과 함께 51편에서는 하나님의 용서를 간절하게 구하는 왕의 모습이 나타나있다. 왕은 계속해서 많은 말들과 반복되는 죄에 대한 표현을 하고 있다. 말을 많이 해야 용서 받는 것이 아니다. 반복되는 기도는 다윗이 얼마나 간절하며 다급한지 나타낸다.

> 오 하나님, 주의 한결같은 사랑으로 내게 자비를 베풀어 주소서. 나를 불쌍히 여겨 주셔서 내 모든 잘못을 없애 주소서. 내 모든 죄악들을 다 씻으시고 내 모든 죄들을 깨끗하게 해 주소서. 네가 저지른 잘못들을 알고 있으니, 내 죄가 항상 내 앞에 있습니다. 내가 주께 죄를 지어 주께서 보시기에 악한 짓을 했습니다. 그러므로 주께서 내게 뭐라고 하셔도 주의 말씀이 옳으며 주께서 내리신 판단이 바릅니다. 그렇습니다! 나는 태어날 때부터 죄투성이었습니다. 어머니가 나를 임신했을 때부터 나는 죄인이었습니다. 주는 정말로 내 속에 진실이 있기를 바라십니다. 주는 내 마음속에 지혜를 가르치십니다. 우슬초로 나를 씻겨 주소서. 그러면 내가 깨끗해질 것입니다. 나를 씻어 주소서. 그러면 내가 눈보다 더 하얗게 될 것입니다. (시 51:1–7)

다윗은 죄 용서를 구했다. 잘못된 죄의 용서를 구하고 이것들로부터 씻어지기를 원했다. 만약 인간적으로 죄를 씻어야 한다면 강력한 세제와 청소도구가 필요 할 것이다. 왕은 거듭해서 이런 죄가 씻기기를 간구했다. 시편 51편에서 씻긴다는 의미는 문둥병자가 병이 완전하게 고쳐졌다는 것을 제사장 앞에 씻음으로 증명하는 것이다. 환부를 깨끗하게 씻어 냄으로 문둥병이 전혀 없다는 것을 증명한다. 우리아를 살인한 죄의 커다란 얼룩이 다윗의 영혼에 가득했고 이 죄악이 깨끗하게 씻기기를 원했다. 이 말의 의미를 정확하게 이해하기 원한다면 원어를 보아야 한다. 이 말은 "Sin"에서 나온 말이다. 원어적인 표현으로 이해하면 하나님께서 지금 나를 죄짓지 않는 사람처럼 만들어 달라는 의미이다.

> 오 하나님, 내 속에 깨끗한 마음을 만들어 주시고 내 안에 올바른 마음을 새롭게 해 주소서. (시 51:10)

다윗의 죄악은 육신의 정욕의 죄이다. 비록 죄에는 빠르게 행동했지만 이제 하나님을 향한 간절한 마음은 깊고 그 소원은 어느 것 보다 간절하다. 죄의 권세와 사단의 능력이 왕을 휘어잡고 있는 것처럼 보이지만 다윗이 보여주는 간절한 기도와 회개는 아직도 그 안에 하나님을 향한 믿음이 있다는 증거다.

왕은 겸손하게 영혼을 새롭게 해 달라고 간구하며 새로운 마음을 허락받기를 요청한다. 이것은 거듭나지 못한 사람과 동등한 위치에서 구하는 기도다. 자신에게는 아무런 능력이 없음을 고백한다. 그에게는 아무것도 새롭게 하거나 살릴 수 있는 능력이 없다. 하나님이 사랑하는 정직한 영혼은 견고하며 흔들리지 않는 순수한 영혼이다. 오직 하나님만이 이 모든 것을 허락 할 수 있다.

> 주의 구원에 대한 기쁨을 내게 다시 주셔서 내가 주께 순종하게 하소서. (시 50:12)

이 고백은 자신의 모든 죄를 씻어 낼 수 있는 유일한 분으로 하나님을 인정하고 기대한다. 하나님에 대한 절대적인 순종과 절대적인 기대를 보인다. 이 고백은 용서와 정결하게 되는 것을 먼저 간구한 다음에 오는 기도다. 죄에 대한 해결을 받지 못하고 정결하게 되지 않는 상태에서 하나님의 기쁨을 요구하는 것은 불가능한 일이다. 이것은 하나님을 모욕하는 열광주의 자들의 행동이다.

> 나를 주 앞에서 쫓아 내지 마시고, 주의 성령을 내게서 거두어 가지 마소서. (시 51:11)

먼저 주의 성령을 간절하게 구한다. 이후에 12절에서 기쁨을 구하며, 하나님에 대한 순종을 간청한다. 이 두 구절을 관심 있게 보면 아마 다윗 왕은 사울이 버림받았던 상황을 생각하는 것 같다. 성령을 거두지 말라는 기도를 통해서 죄로 무너진 자신을 일으켜 세우며 연약해진 믿음을 바로 세울 수 있는 유일한 분이 하나님이라는 것을 확신한다. 오직 유일한 하나님만이 자신을 구해 줄 수 있는 분이라는 사실을 인정하고, 확인한다.

> 죄를 용서받고 잘못을 용서받은 사람은 행복한 사람입니다. 여호와께서 더 이상 죄를 묻지 않는 사람과 그 마음에 거짓이 없는 사람은 행복한 사람입니다. (시 32:1,2)

다윗 왕은 시편 51편에서는 하나님의 은혜와 긍휼을 간곡한 마음과 기도로 요청했다. 이곳 시편 32편에서는 찬양으로 시작해서 죄를 용서받는 사람이 가지는 행복에 대해서 이야기 한다. 51편에서는 죄로 인해서 낮아지며 고통가운데 고뇌하고 신음하는 소리로 은혜를 구한다. 시편 32편에서는 죄로 인한 신음으로 복된 결과를 말하고 있다. 시편 51편에서는 죄와 그 죄를 용서해 달라는 수 없이 많은 간구와 간청이 반복되어 나타난다. 이처럼 시편 51편이 비탄에 빠진 사람의 간구라면 시편 32편은 시편의 제목대로 구원에 관한 노래이다.

죄를 범하면 반드시 회개를 드려야 한다. 다른 구속의 은혜를 구하는 것이 아니라 회개를 통해서 긍휼을 얻게 된다.

> 그러므로 하나님의 보좌 앞에 담대하게 나아갑시다. 그 곳에는 은혜가 있으며, 우리는 때에 따라 우리를 도우시는 자비와 은혜를 받을 수 있습니다. (히 4:16)

또한 그리스도의 거룩한 은혜로 죄악으로 망쳐진 양심을 새롭게 해야 한다. 시편 32편의 첫 시작은 죄 용서함을 받은 사람이 가지는 즐거움과 기쁨을 나타낸다. “죄를 용서받고 잘못을 용서받은 사람은 행복한 사람입니다.” 죄 용서를 통해서 얻게 되는 즐거움이 시편32편의 전체적인 분위기를 이끌어간다. 다윗에게 있어서 가장 즐겁고 소망이 되는 경험은 죄를 용서 받는 일이다. 영혼 가득히 차있던 죄의 무게를 줄이는 일은 영혼을 즐겁게 한다. 죄를 보고 있는 하나님의 눈앞에서 용서 받고 죄를 죄로 여기지 않게 되는 것은 큰 축복이며 즐거움이다. 자신의 죄가 용서 받는 모습을 통해서 다른 사람이 혹은 죄인들이 용기와 소망을 얻는 다면 이것 역시 축복이다.

> 그러므로 경건한 사람들은 주가 찾으실 때에 그분께 기도드려야 할 것입니다. 그러면 고난이 홍수처럼 밀려올지라도 그들을 덮치지 못할 것입니다. (시 32:6)

죄 용서함을 받은 거룩한 확신이 7절의 고백으로 이어진다.

주님은 내가 숨을 곳입니다. 주께서 어려움으로부터 나를 지켜 주시니 내 마음이 구원의 노래로 주님을 찬양합니다. (시편 32:7)

하나님에 대한 깊은 확신과 소망이 구원의 노래로 주님을 찬양하게 한다. 죄와 거짓으로 하나님의 은혜 밖에 있는 자라도 겸손하고 진실되게 하나님께 나아간다면 소망을 얻게 된다. 죄에 대하여 애통하며 비통해 하는 마음이 있다면 하나님의 용서를 구할 수 있다.

그러나 우리가 죄를 고백하면, 그분은 우리를 용서해 주실 것입니다. 그분은 옳은 일만 행하는 분이기 때문에 우리는 그분을 믿을 수 있습니다. 그분은 우리의 모든 잘못을 깨끗하게 해 주실 것입니다. (요일 1:9)

모든 불의를 용서하는 하나님은 죄에 빠지고 악으로 도망간 사람이라도 회개하고 돌아오는 자를 받아준다. 이 사실은 의심할 것이 없다. 여호와의 큰 은혜는 모든 것을 가능하게 한다. 풍부한 구원의 은혜는 죄인들을 향해 허락된다. 이전에 어떤 죄를 지었든지 어떤 악을 행하였든지 하나님은 결코 자녀를 버리지 않는다. 또한 사단이 자녀들을 훔쳐가는 것을 용서하지 않는다. 넘어지고 좌절한 자들은 반드시 하나님께 돌아와야 한다. 죄를 용서하는 하나님의 은혜를 입어야 한다.

11. 벌 받는 왕

삼하 12:15-23

나단이 집으로 돌아간 후에 여호와께서는 다윗과 우리아의 아내였던 밧세바의 사이에서 낳은 아들에게 큰 병을 주셨습니다. 다윗은 아기를 위해 하나님께 기도를 드렸습니다. 다윗은 먹지도 않고 마시지도 않았습니다. 다윗은 자기 집으로 돌아가서 그 곳에 머물렀습니다. 다윗은 밤새도록 땅 위에 누워 있었습니다. 다윗의 집안에서 나이 든 어른들이 다윗의 건강을 걱정하며 왔습니다. 그들은 다윗이 땅에서 일어나도록 애썼지만, 다윗은 일어나지 않았습니다. 다윗은 그들과 함께 밥을 먹지도 않았습니다. 칠 일째 되던 날, 아기가 죽고 말았습니다. 다윗의 종들은 아기가 죽었다는 사실을 다윗에게 말하기가 두려웠습니다. 다윗의 종들이 말했습니다. "아기가 살아 있을 때에도 왕은 우리 말을 들으려 하지 않으셨다. 그런데 아기가 죽었다는 것을 말씀드리면 왕이 무슨 일을 하실지 모른다." 그러나 다윗은 종들이 서로 수군거리는 것을 보고 아기가 죽었다는 것을 알았습니다. 왕이 종들에게 물었습니다. "아기가 죽었느냐?" 종들이 대답했습니다. "예, 죽었습니다." 그러자 다윗은 자리에서 일어나 몸을 씻고 몸에 기름을 바르고 옷을 바꾸어 입었습니다. 그리고 나서 다윗은 여호와의 집으로 들어가 여호와께 예배를 드렸습니다. 그런 다음에 다윗은 집으로 돌아가서 먹을 것을 달라고 했습니다. 종들이 음식을 가져오자, 다윗은 그것을 먹었습니다. 다윗의 종들이 다윗에게 물었습니다. "어쩐 일인지 모르겠습니다. 아기가 살아 있을 때에는 음식을 들지도 않으시고 슬퍼하시더니 아기가 죽으니까 자리에서 일어나 음식을 드시니 말입니다." 다윗이 말했습니다. "아기가 살아 있을 때에 내가 먹지도 않고 슬퍼한 것은 여호와께서 혹시 나를 불쌍히 여기셔서 아기를 살려 주실지도 모른다고 생각했기 때문이다. 하지만 이제는 아기가 죽었으니 음식을 먹지 않을 이유가 없지 않느냐? 그런다고 아기가 다시 살아나는 것도 아니다. 언젠가 나도 아기에게 가겠지만, 아기가 나에게로 다시 돌아올 수는 없는 일이다."

벌 받는 왕

사무엘하 12장

✿

하나님의 용서 후에도 벌과 징계를 받는 다윗의 모습을 그리는 것은 쉽지 않다. 하나님께서 용서하였는데 왜 아픈 매를 들어서 때리는지 이해되지 않기 때문이다. 이것은 하나님의 성품을 이해하지 못하는 말이다. 하나님은 두 가지 거룩한 신적인 성품이 있다. 세상을 도덕적으로 판단하는 통치자로서의 성품과 이 세상의 모든 피조물들을 심판하는 재판장으로서의 성품이다. 이 두 가지를 잘 이해한다면, 용서와 매를 허락하는 하나님을 이해 할 것이다. 세상을 통치하는 하나님은 지금 이 세상을 주관하는 역할을 하며, 심판하는 재판장의 역할은 세상의 멸망 이후에 악인과 의인을 구별하는 일을 한다. 이렇게 정확하게 구별하는 눈을 가지고 있다면, 매번 성경과 현실에서 이해하지 못하는 일이 없을 것이다. 또한 죄를 용서하는 하나님의 섭리적인 행동과 죄를 심판하고 형벌을 가하는 하나님의 형벌적인 행동을 이해하게 된다. 이러한 신적인 성품을 이해하지 못하면 하나님에 대해 자주 혼돈과 그릇된 이해를 가지게 된다.

> 여러분을 위해 기도합니다. 여러분의 사랑이 나날이 커지고, 그 사랑으로 더 풍성한 지식과 통찰력을 갖게 되기를 기도합니다. 선함과 악함을 분별하여 선한 것을 선택할 줄 알게 되어서, 그리스도께서 오시는 날에 깨끗하고 흠 없는 모습으로 서게 되기를 기도합니다. (빌 1:9,10)

> 그러자 다윗이 나단에게 말했습니다. "내가 여호와께 죄를 지었소." 나단이 대답했습니다. "여호와께서는 왕의 죄를 용서하셨습니다. 왕은 죽지 않을 것입니다. 그러나 왕이 한 일 때문에 여호와의 원수들이 여호와를 경멸하고 모욕할 기회를 주었으니 왕에게서 태어난 아기는 죽게 될 것입니다." (삼하 12:13,14)

이 구절은 심판하는 하나님과 형벌을 가하는 하나님의 두 역할이 나타나있다. 첫째 심판하는 여호와는 다윗 왕의 죄를 용서하였다. 두 번째 형벌을 가하는 하나님은 다윗 왕의 악한 행동에 대한 처벌을 중심으로 말한다. 하나님의 살인하지 말라는 법을 어긴 왕에게 법을 어기면 반드시 형벌을 받게 된다는 사실을 알려준다. 왕에게서 태어난 아기가 죽게 된다는 사실이 하나님의 심판을 증명한다. 이 두 가지 속성에 대해서 좀 더 깊게 생각해 보기로 하자.

> 그분은 우리의 죄값을 그대로 갚지 않으시며, 우리가 저지른 잘못에 따라 처벌하지도 않으십니다. (시 103:10)

모든 그리스도인은 이 말씀이 사실이라는 것을 부정하지 않는다. 죄에서 용서 받는 것은 그리스도인이 누리는 공통적이며 개인적인 경험이다. 그래서 이전의 행동으로 심판을 받았다면 지옥에 가고도 남을 것이라고 말한다. 스펄전은 이 구절을 절묘하게 설명한다. "우리가 해야 할 일은 이것이다. 하나님께서 이미 한 일과 앞으로 할 일 이 두 가지를 찬양하는 일이다. 우리의 죄악과 우둔함은 하나님의 인내함으로 인해 용서함을 받게 된다. 그러나 하나님의 크신 인내에 대해서 감사의 마음은 너무 작다. 하나님의 선하심을 본다면 반드시 회개와 겸손의 자세로 돌아서야 한다." 죄인이 가지는 비열함과 교만함으로 인해서, "하나님께서 이렇게 행동하실 수 있다"는 것을 생각할 수 있다. 이것은 모든 은혜를 거두어 내며 성령의 인도함과 축복의 은혜를 거두어서 은혜로 죄 용서 받는 모든 길을 막아 버린다. 그래서 죄인으로 하여금 큰 고통과 절망, 좌절을 가지게 하며 완전하게 낙담하는 장소로 몰아버리게 한다. 하나님께서 죄인을 이렇게 처벌해도 이상한 일은 아니다. 그러나 이렇게 하지 않는다. 왜인가? 바로 예수 그리스도 때문이다. 우리의 죄과를 따라서 다른 사람에게 모든 죄를 담당하게 했다. 그로 말미암아 우리가 평화와 용서를 가지게 되었다. 그를 통해서 하나님의 의로움은 완벽하게 채워졌다. 하나님께서는 죄를 두번 판단하지 않는다. 즉 내 죄를 대신하여 죽은 자의 피를 무시하고 다시 나에게 죄의 대가를 요구하지 않는다. 하나님께서는 예수를 대속자로 삼았고 죄 용서를 위한 대속물로 삼았다. 이제 그 은혜를 따라서 우리를 구원 받은 사람으로 대접한다. 우리는 이러한 하나님의 능력을 찬양한다. 오래 되어버린 진리와 사실 같지만, 이 사실은 지금도 미래에도 유효한 은혜이다.

> 그분은 우리의 죄값을 그대로 갚지 않으시며 우리가 저지른 잘못에 따라 처벌하지도 않으십니다. (시 103:10)

이 구절은 심판하는 하나님의 일과, 우리가 가진 죄의 영원한 결말에 대한 말씀이다. 그러나 이 말씀이 심판하며 재판하는 하나님의 거룩한 능력을 무너트리지 않는다. 그리스도인이 죄를 지으면 하나님이 눈을 감고 있을 것이라는 생각은 잘못된 것이다. 하나님은 섭리를 가지고 모든 일을 행한다. 즉 하나님은 모든 일에 주권적인 능력을 가지고 일한다. 그리스도인이 자기 힘으로 만들어낸 죄와 잘못에 대해서는, 하나님이 기뻐하는 방법으로 고통과 아픔을 겪게 한다. 이 일을 모른척하고 지나가지 않는다. 하나님은 우리의 죄를 용서한다. 그러나 하나님의 거룩함이 죄를 미워하고 저주하며 심판한다는 사실은 변하지 않는다. 그래서 뿌린 대로 거두게 한다. 악을 뿌린 자는 쓴 심판을 맛보게 한다. 시편은 이 사실을 분명하게 한다.

> 여호와 우리 하나님이여, 주는 그들에게 응답하셨습니다. 때때로 그들의 잘못을 벌하셨지만 주는 그들을 용서하시는 하나님이셨습니다. (시 99:8)

하나님은 백성의 죄를 용서한다. 그러나 이들의 잘못과 죄악에 대해서는 눈을 감지 않는다. 분명한 심판과 형벌을 가한다. 시편 99편의 말씀은 출애굽기 32장에 기록된 금송아지 사건을 통해서 분명하게 된다. 이스라엘은 분명하게 하나님을 진노하게 했다. 그러나 모세를 통한 기도와 간구로 인해 죄악을 용서하였다.

> 주의 종인 아브라함과 이삭과 이스라엘을 기억해 주십시오. 주님께서는 그들에게 내가 너희 자손을 하늘의 별처럼 많게 할 것이다. 그리고 내가 약속한 이 모든 땅을 너희 자손에게 주어 그 땅을 영원히 물려받게 할 것이다 하고 주님 자신을 걸고 맹세하지 않으셨습니까? 그러자 여호와

께서 마음을 돌리셨습니다. 여호와께서는 처음에 뜻하셨던 것과는 달리 자기 백성을 멸망시키지 않으셨습니다. (출 12:13,14)

이렇게 용서를 받았음에도 불구하고 하나님은 죄에 대한 책임을 요구한다.

"너는 이제 가서 내가 말한 곳으로 백성을 인도하여라. 내 천사가 너를 인도해 줄 것이다. 그러나 벌을 내릴 때가 오면, 내가 죄를 지은 백성에게 벌을 내릴 것이다." 그리하여 여호와께서는 백성에게 끔찍한 일이 일어나게 하셨습니다. 왜냐하면 그들이 아론이 만든 송아지로 죄를 지었기 때문입니다. (출 32:43,35)

우리는 다윗의 범죄와 타락을 통해서 하나님이 가지는 이 두 성품을 잘 알 수 있다.

선지자 나단은 하나님의 명령으로 왕의 죄악을 드러냈고 질책하였다. 하나님의 말씀을 전하므로 왕은 죄를 깨닫게 되었다. 하나님의 말씀은 왕으로 하여금 죄에서 돌이키도록 했다. 하나님은 왕이 고백하는 소리를 들었다. 시편 32편에서 보이는 것처럼 그의 간음 사건은 용서받았다. 그러나 하나님은 왕을 징계하였다. 잘못한 일에 대한 책임을 분명하게 요구하였다. 왕의 죄악을 통해서 하나님은 거룩한 의를 나타내며 악을 행하는 자를 심판하고 징계한다는 사실을 드러냈다. 비록 그가 선택 받은 사람일지라도 하나님의 심판을 벗어 날 수는 없다. 우리는 이 교훈을 영혼 깊이 새겨야 한다. 선지자 나단은 하나님의 말씀을 전했다.

그런데 너는 왜 나 여호와의 명령을 무시했느냐? 왜 나 여호와가 악하다고 말씀한 일을 했느냐? 너는 헷 사람 우리아를 암몬 사람들 칼에 죽게 했다. 그리고 너는 그의 아내를 빼앗아 네 아내로 만들었다. 그러니 이제 너의 집안에는 언제나 칼로 죽는 사람이 있을 것이다. 네가 나를 존경하지 않음을 내가 보았기 때문이다. 너는 헷 사람 우리아의 아내를 빼앗았다. 여호와께서 또 이렇게 말씀하십니다. 너의 집안사람들이 너에게 재앙을 일으킬 것이다. 네가 보는 앞에서 내가 너의 아내들을 빼앗아서 너의 아주 가까운 사람들에게 줄 것이다. 그 사람이 대낮에 너의 아내들과 잠자리를 함께 할 것이다. (삼하 12:9-11)

지금 다윗은 죄로 심은 열매를 받아야 하며 쓴 하나님의 형벌을 삼켜야 한다. 다윗은 우리아를 적의 칼에 죽도록 했다. 하나님은 그의 집에서 칼이 영원히 떠나지 않을 것이라고 말했다. 이제 자신의 왕궁이 무너지며, 아내들을 빼앗겨서 다른 사람이 가질 것이라고 말씀한다.

마음이 깨끗한 사람들에게는 주의 깨끗하심을 보여 주십니다. 그러나 주님은 못된 사람들에게는 못되게 갚아 주시는 분이십니다. (시 18:26)

하나님은 죄를 지은 사람에게는 그가 지은 죄를 통해서 징벌을 가한다. 소돔 사람들의 불타는 간음을 향해서, 불과 유황을 아낌없이 쏟았다. 야곱은 아버지를 속이고 축복을 받았다. 그 또한 같은 방법으로 자식에게 속았다. 그의 아들들이 염소 피를 요셉의 옷에 묻히고 들짐승이 요셉을 죽였다고 했다. 바로는 태어나는 히브리인의 남자 아이를 하수에 던지라고 했다. 애굽의 왕 역시 모세를 추격하다가 홍해로 빠져 죽었다. 아도니 베섹의 전투에서 포로가 된 왕들의 엄지손가락과 발톱을 찍을 때 여호와께서 동일한 방식으로 갚았다. 잠언 15장 3절의 말씀처럼 하나님의 불꽃같은 눈동자는 악인과 의인을 함께 보고 있다.

하나님의 정의와 거룩한 의는 굽어지지 않는다. 어느 누구도 이것을 무너트리거나 뇌물로 어지럽힐 수 없다. 오직 세상을 심판하는 하나님은 거룩한 의로서 모든 것을 판단하고 심판한다. 우리는 두려운 마음으로 매일을 살아야 한다. 하나님께서는 각 사람의 행동에 따라 심판한다. 이 말씀은 하나님이 얼마나 공평하며 정의로운 분인가를 알게 한다.

> 사람은 저마다 자기 일에 책임을 져야 합니다. 하나님의 가르침을 배우는 사람은 가르치는 사람과 모든 좋은 것을 나누어야 합니다. 스스로 속이지 마십시오. 하나님을 속일 수는 없습니다. 사람은 자기가 심은 대로 거둘 것입니다. (갈 6:5-7)

이것은 변하지 않는 사실이다. 이제 나단 선지자는 집으로 돌아간다. 선지자 나단은 자신의 일에 충성을 다 하였다. 하나님은 우리가 알지 못하는 방식으로 사람을 높인다. 선지자는 왕으로 하여금 그의 아들 가운데 한 명을 나단이라고 이름 지었다. 후에 그리스도의 혈통이 여기서 나온다.

> 여호와께서는 다윗과 우리아의 아내였던 밧세바의 사이에서 낳은 아들에게 큰 병을 주셨습니다. (삼하 12:15)

나단의 말은 다윗에게 비극적인 일들을 일으킨다. 하나님은 선하게 행동한다. 다윗과 밧세바에게 직접 징계하지 않고 그의 아들에게 벌을 내린다. 죄에 대한 책임을 아버지에게 묻지 않고 아들에게 요구했다.

이것이 하나님의 거룩한 주권이다.

> 다윗은 아기를 위해 하나님께 기도를 드렸습니다. 다윗은 먹지도 않고 마시지도 않았습니다. 다윗은 자기 집으로 돌아가서 그 곳에 머물렀습니다. 다윗은 밤새도록 땅 위에 누워 있었습니다. (삼하 12:16)

오랜 전쟁과 고난으로 단련된 하나님의 용사 다윗이 이렇게 간절하게 기도한 것은 감동적인 일이다. 이것은 회개하고 깊이 뉘우치고 있다는 증거이다. 언제나 회개하는 사람은 애통해하며 불쌍한 마음을 가진다. 그러나 다윗은 "당신의 아이가 죽을 것입니다"라는 선지자 나단의 말을 하나님이 변경 할 것으로 생각한 것 같다. 조건적인 사건 즉 회개하면 이 징계 또한 사라질 것으로 생각했다. 왕은 이렇게 고백한다.

> 다윗이 말했습니다. "아기가 살아 있을 때에 내가 먹지도 않고 슬퍼한 것은 여호와께서 혹시 나를 불쌍히 여기셔서 아기를 살려 주실 지도 모른다고 생각했기 때문이다." (삼하 12:22)

이 구절은 왕의 속마음을 드러낸다. 그가 바닥에 엎드리며 금식한 것은 왕의 마음이 얼마나 간절한 것인가를 나타낸다.

> 칠 일째 되던 날, 아기가 죽고 말았습니다. 다윗의 종들은 아기가 죽었다는 사실을 다윗에게 말하기가 두려웠습니다. 다윗의 종들이 말했습니다. "아기가 살아 있을 때에도 왕은 우리말을 들으려 하지 않으셨다. 그런데 아기가 죽었다는 것을 말씀드리면 왕이 무슨 일을 하실지 모른다." (삼하 12:18)

성경은 가장 미세한 부분까지 정확하게 말한다. 보통 태어난지 8일이 되면 이스라엘의 아이들은 할례를 받는다. 밧세바의 아들이 죽는 이 사건은, 하나님께서 죄악에 대해서 얼마나 크게 분노하는지 말한다. 이 아이가 언약의 증거를 받기 이전에 하나님의 진노가 임했다. 이 아이의 죽음은 하나님의 진노가 임했다는 증거가 된다. 또한 밧세바와 다윗을 벌하는 하나님의 분명한 진노이다.

> 그러자 다윗은 자리에서 일어나 몸을 씻고 몸에 기름을 바르고 옷을 바꾸어 입었습니다. 그리고 나서 다윗은 여호와의 집으로 들어가 여호와께 예배를 드렸습니다. 그런 다음에 다윗은 집으로 돌아가서 먹을 것을 달라고 했습니다. 종들이 음식을 가져오자, 다윗은 그것을 먹었습니다. (삼하 12:20)

왕의 이러한 행동은 우리가 본받아야 한다. 하나님의 거룩한 징계와 심판이 다가 왔을 때, 왕의 금식과 기도는 앞으로 왕의 앞날을 이끌어주는 믿음의 힘이었다. 욥, 역시 자녀들이 죽었다는 소리를 들었을 때, 하나님의 징계 앞에 겸손하게 무릎을 굽히고 기도하였다.

그러나 지금 우리의 모습은 이렇게 겸손하지 않다. 사랑하는 가족이나 사람이 죽음을 맞이할 때, 하나님을 원망하고 불신하며 믿음 없는 행동을 보인다. 슬픔이 크고 아프지만, 이런 일로 하나님을 섬기는 마음을 버려서는 안 된다.

> 여러분 가운데 고난당하는 사람이 있다면 기도하십시오. 즐거운 사람이 있다면 찬송하십시오. (약 3:15)

이 구절은 하나님 앞에 가져야 할 믿음의 자세이다.

> 그리고 다윗은 자기 아내 밧세바를 위로하고 동침하니 밧세바가 다시 임신해서 아들을 낳았습니다. 다윗은 그 아들의 이름을 솔로몬이라고 지었습니다. 여호와께서는 솔로몬을 사랑하셨습니다. (삼하 12:24)

다윗이 보여준 하나님의 진노와 징계 앞에서의 겸손과 예배의 모습은 새로운 기회를 허락하였다. 죄의 아들이 죽자 이제 약속의 아들이 태어났다.

> 그러나 너에게 아들을 줄 것인데, 그는 평화의 사람이 될 것이다. 내가 사방의 모든 원수로부터 그를 지킬 것이며, 그에게 평화를 주도록 하겠다. 그 이름은 솔로몬이라 하리니, 그가 왕으로 있는 동안, 이스라엘은 평화와 안정을 누릴 것이다. (대상 22:9)

이제 왕은 하나님께서 허락한 화해의 증거인 솔로몬을 아들로 가졌다. 분명 하나님은 자신의 약속으로 솔로몬이 다스리는 기간 중에 평화와 번영을 허락하였다. 솔로몬이 가진 다른 이름은 "여호와께서 사랑하는 사람"이라는 뜻의 "여디야"이다. 사무엘하 12장은 이렇게 끝을 맺는다.

> 다윗은 모든 군대를 모아 랍바로 갔습니다. 다윗은 랍바와 맞서 싸워 성을 점령했습니다. 다윗은 랍바 왕의 머리에서 왕관을 벗겨 냈습니다. 그 왕관은 금으로 만든 것으로 무게가 한 달란트나 되었습니다. 거기에는 보석도 달려 있었습니다. 사람들은 그 왕관을 다윗의 머리에 씌워 주었습니다. 다윗은 그 성에서 많은 값비싼 물건들을 빼앗았습니다. 다윗은 또 랍바 성의 백성들도 사로잡아다가 톱질과 곡괭이질과 도끼질을 시켰습니다. 다윗은 그들에게 벽돌로 건물을 짓게 했습니다. 다윗은 암몬 사

람들의 온 성에서 이런 일을 시켰습니다. 그리고 나서 다윗과 그의 모든 군대는 예루살렘으로 돌아갔습니다. (삼하 12:29-31)

이전까지 하나님의 징계를 받던 왕이 전쟁에서 랍바 성을 점령했다. 이 사건은 하나님이 얼마나 다윗 왕을 사랑하며 그를 아꼈는지 나타내는 증거이다. 하나님은 왕의 잔혹한 타락과 죄의 사건이 있었음에도 불구하고 왕과 백성 이스라엘을 사랑했다. 이것이 하나님의 거룩한 사랑이며 아무도 이해하거나 알 수 없는 거룩한 능력이다.

12. 왕의 아들의 죽음

삼하 18: 2-9

다윗은 군대를 세 부대로 나눴습니다. 요압이 한 부대를 지휘했고, 스루야의 아들이자 요압의 동생인 아비새가 또 한 부대를 지휘했습니다. 가드 사람 잇대도 나머지 한 부대를 지휘하게 되었습니다. 다윗 왕이 그들에게 말했습니다. "나도 그대들과 함께 가겠소." 그러나 그들이 말했습니다. "안 됩니다! 왕께서는 우리와 같이 가시면 안 됩니다. 만약 우리가 싸움터에서 도망친다 해도 압살롬의 부하들은 우리에게 마음을 쓰지 않을 것입니다. 우리 중 절반이 죽는다 해도 압살롬의 부하들은 신경쓰지 않을 것입니다. 왕께서는 우리들 만 명만큼이나 귀하십니다. 그러니 왕께서는 성에 그대로 머물러 계시는 것이 좋습니다. 그러다가 우리에게 도움이 필요해지면 그 때 도와 주십시오." 왕이 자기 백성들에게 말했습니다. "그대들이 좋다고 생각하는 대로 하겠소." 그리하여 군대가 밖으로 나갈 때, 왕은 그냥 성문 곁에 서 있었습니다. 군대는 백 명씩, 천 명씩 무리지어 나갔습니다. 왕이 요압과 아비새와 잇대에게 명령을 내렸습니다. "나를 봐서라도 어린 압살롬을 너그럽게 대해 주시오." 왕이 압살롬에 대해서 지휘관들에게 내린 명령을 모든 백성들이 다 들었습니다. 다윗의 군대가 압살롬의 이스라엘 사람들과 맞서 싸우기 위해 들로 나갔습니다. 그들은 에브라임 숲에서 싸웠습니다. 이 싸움에서 다윗의 군대는 이스라엘 사람들을 물리쳐 이겼습니다. 그 날에 죽은 사람만 해도 무려 이만 명이나 되었습니다. 싸움이 나라 전체에 퍼졌지만, 그 날, 숲 속에서 도망치다 죽은 압살롬의 부하들은 칼에 맞아 죽은 사람보다 더 많았습니다. 그 때에 압살롬은 우연히 다윗의 군대와 마주쳤습니다. 압살롬은 노새를 타고 있었는데, 마침 달리던 그 노새가 커다란 상수리나무 아래로 지나가게 되었습니다. 그 나무의 가지들은 매우 굵었습니다. 노새를 타고 달리던 압살롬의 머리가 그만 그 나뭇가지에 걸리고 말았습니다. 노새는 그래도 그냥 달려갔습니다. 그래서 압살롬은 나뭇가지에 걸린 채 공중에 매달리게 되었습니다.

사무엘하 18장

왕의 아들의 죽음

✿

다윗의 인생에는 편안한 적이 없던 것 같다. 처음에는 생명을 지키기 위해 사울을 피해 도망 다녀야 했고, 이스라엘의 적들과 싸워야 했다. 또 자신 안에 있는 죄와도 싸워야 했다. 이제는 자신의 아들과 싸워야 했고, 아들의 죽음을 들어야 하는 다윗의 슬픈 현실을 보아야 한다. 악한 다윗의 아들 압살롬은 치밀한 계획을 통해서 왕이 되고자 했다. 무자비하고 비양심적인 방법으로 자신의 계획을 진행시켜나갔다.

이 일이 있은 후에 압살롬은 자기가 쓸 전차와 말들을 마련했습니다. 압살롬은 호위병도 오십 명이나 두었습니다. 압살롬은 아침에 일찍 일어나 성문 가까이에 서 있곤 했습니다. 그런데 누구든지 재판할 문젯거리가 있어 왕을 찾는 사람은 그 성문을 지나가게 되어 있었습니다. 그런 사람이 오면, 압살롬은 그 사람을 불러 세워서 "어느 성에서 왔소?" 하고 물었습니다. 그러면 그 사람은 "저는 이스라엘의 무슨 지파에서 왔습니다" 하고 대답하며 자신의 억울함을 이야기했습니다. 그러면 압살롬은 "당신의 주장이 옳소. 하지만 왕궁 안에는 당신의 말을 들어 줄 사람이 없소 하고 말했습니다. 또 압살롬은 "나는 이 땅의 재판관이 되어 문제를 가진 모든 사람에게 공정한 재판을 베풀기를 원하오"라고 말하기도 했습니다. 사람들은 압살롬에게 가까이 나와 절을 했습니다. 그러면 압살롬은 자기 손을 내밀어 그들을 일으키고 그들에게 입을 맞추었습니다. (삼하 15:1-5)

압살롬은 다윗이 병든 기회를 틈타서 백성들의 마음을 훔치기 시작했다. 그렇게 하면 새로운 왕이 되어서 이스라엘을 통치하게 될 것이라고 생각했고, 이제는 왕이 되기로 마음을 정하였다. 압살롬은 자신의 군대를 가졌고, 힘과 능력이 있는 아히도벨이 오른팔이 되었다. 아버지 다윗을 죽여서라도 이스라엘의 왕이 되고자 했다. 결국 군대를 동원하여 전쟁을 시작했고 이제는 승리하는 것처럼 보였다.

아히도벨이 압살롬에게 말했습니다. "군인 만 이천 명을 뽑게 해 주십시오. 오늘 밤 다윗을 뒤쫓겠습니다. 다윗이 지치고 약할 때, 따라잡겠습니다. 다윗에게 겁을 주면 그의 모든 백성은 도망칠 것입니다. 저는 다윗 왕만을 죽이겠습니다." (삼하 17:1-2)

그러나 하나님의 계획은 압살롬과 완전히 다르게 진행되어 갔다. 마치 자신의 힘과 능력으로 왕이 될 것처럼 보였지만, 그는 하나님이 정한 운명의 길을 따라 가야 했다.

다윗은 자기와 함께한 사람들의 수를 세어 보았습니다. 다윗은 천 명씩, 그리고 백 명씩 나누어 그 위에 지휘관을 세웠습니다. (삼하 18:1)

후새의 계획대로 압살롬이 시간을 지체하는 동안, 다윗은 자신의 아들과 전쟁을 하기 위해 지휘관을 세웠다. 많은 백성들이 압살롬의 편이 되었지만, 아직도 이스라엘에는 다윗에게 충성하는 수많은 백성들이 있었다. 반역의 소문이 이스라엘 전역에 퍼지자 수많은 사람들이 다윗에게 달려왔다.

위의 말씀처럼 이제 다윗은 천부장과 백부장을 세워서 전쟁을 할 수 있게 되었다. 다윗은 젊은 시절처럼 다시 무장을 했을 것이다. 병들고 지친 다윗이 아니라 이전처럼 전쟁터의 용맹스러운 용사가 되었을 것이다. 이제 다윗은 모든 걱정과 근심을 버리고 하나님께 완전하게 의지하고 나아갔다. 하나님은 아히도벨의 지혜와 계략을 어리석게 만들어, 다윗의 기도에 응답하였다. 이것이 다윗으로 하여금 다시금 강한 용사가 되게 하였다. 시편 42,43편에 다윗은 온전하게 모든 믿음을 동원하여 하나님을 신뢰하고 있다. 그러나 믿음과 소망이 있다고 해서 게을러서는 안 된다. 다윗은 전쟁을 위해서 믿음을 가지고 지혜롭게 행동했다. 전역에서 사람을 모우고 지혜로운 자를 선택해서 지휘관으로 삼았다. 우리는 자신이 하는 일을 성공시키기 위해서 지혜롭고 신중한 방법으로 책임을 가지고 사용해야 한다. 믿음이 있다고 해서 이런 것들을 무시하거나 외면해서는 안 된다.

> 다윗은 군대를 세 부대로 나눴습니다. 요압이 한 부대를 지휘했고, 스루야의 아들이자 요압의 동생인 아비새가 또 한 부대를 지휘했습니다. 가드 사람 잇대도 나머지 한 부대를 지휘하게 되었습니다. 다윗 왕이 그들에게 말했습니다. "나도 그대들과 함께 가겠소." (삼하 18:2)

다윗은 이전처럼 용감한 왕이었다. 세상의 왕처럼 전쟁을 피하는 것이 아니라, 언제든지 자신의 부하들과 위험을 함께 할 준비가 되어 있었다. "나도 그대들과 함께 가겠소." 이 말에는 다윗이 아들 압살롬을 보호하는 마음이 들어있다. 자신의 부하들이 혹시 지나친 충성심을 발휘하여 압살롬을 죽이지 않을까 다윗은 걱정하였다. 여기서 다윗이 가지는 용맹함과 아들을 지키고 싶은 아버지의 부정을 동시에 나타낸다. 어떻게 자신의 손으로 아들을 죽일 수 있는가! 어떻게 자신의 부하들이 압살롬을 죽이는 모습을 지켜볼 수 있겠는가! 반란을 일으켜 자신을 죽이려 하는 아들에게도 다윗은 아버지의 사랑을 보여주고 있다. 또한 다윗은 아버지의 마음 이외에도 이런 일이 일어나는 원인을 자신에게서 찾은 것 같다.

이 모든 일들이, 압살롬의 반역과 그 아들을 피해 도망 다니는 일이, 모두 자신의 죄로 인한 결과라는 것을 알고 있었다. 그래서 부하들과 함께 전쟁에 나가서 아들의 생명을 보호하고 싶었을 것이다. 언제나 다윗은 죄로 인해 어려움을 당하면 교만하거나 책임을 다른 사람에게 돌리지 않았다. 먼저 자신이 겸손한 마음으로 죄를 감당하고 하나님의 도움을 구했다.

> 그러나 그들이 말했습니다. "안 됩니다! 왕께서는 우리와 같이 가시면 안 됩니다. 만약 우리가 싸움터에서 도망친다 해도 압살롬의 부하들은 우리에게 마음을 쓰지 않을 것입니다. 우리 중 절반이 죽는다 해도 압살롬의 부하들은 신경 쓰지 않을 것입니다. 왕께서는 우리들 만 명만큼이나 귀하십니다. 그러니 왕께서는 성에 그대로 머물러 계시는 것이 좋습니다. 그러다가 우리에게 도움이 필요해지면 그 때 도와주십시오." (삼하 18:3)

지금 하나님은 다윗에게 큰 복을 내려주고 있다. 다윗의 부하들은 신실하고 충성스러운 마음으로 다윗의 동행을 거절한다. 언제나 다윗은 자신이 가지고 있는 좋은 품성과 지도자로서의 훌륭한 자질로 백성들과 부하들의 사랑을 받는다. 이들은 왕이 자신들과 함께 전쟁에 나가는 것을 반대한다. 혹시라도 지도자며 왕인 다윗이 죽는 것을 원하지 않았다. 다윗은 이들에게 사랑의 대상이었고, 기쁨과 존경이 되었고, 하나님의 사랑과 인도를 받는 자였기 때문이다.

> 왕이 자기 백성들에게 말했습니다. "그대들이 좋다고 생각하는 대로 하겠소." 그리하여 군대가 밖으로 나갈 때, 왕은 그냥 성문 곁에 서 있었습니다. 군대는 백 명씩, 천 명씩 무리지어 나갔습니다. (삼하 18:4)

이제 왕은 부하들의 청을 받아들였다. 성에 남아있는 다윗은 백성들의 희망이 되었고 이곳에서 전쟁을 지휘하기로 했다. 이 일이 위험한 전쟁에 참여하는 것보다는 쉬운 일이었지만 부하와 백성들이 진정으로 원하는 것이었다. 다윗은 자신의 의견만을 주장하지 않았다. 이것은 지혜로운 일이다. 하나님께서 다양한 방법을 통해서 말씀을 하기 때문에, 부하들의 말을 존중하는 것도 하나님의 음성을 듣는 일이 될 수도 있다. 지혜로운 사람은 자신보다 못한 자의 말도 들어야 한다. 그 말이 충성심과 선한 동기로 하는 말이면 더더욱 그렇다. 하나님의 지혜는 부하들의 말을 통해서 다윗에게 역사했으며, 그를 성에 남게 했다. 그러나 여기에 하나님의 심판이 있다. 다윗은 아버지의 마음으로 압살롬이 살기 원했지만, 하나님은 그 아들을 죽이기로 작정하였다. 또한 다윗의 마음에 아들을 통한 고난으로 겸손하고 회개하는 마음이 없었다면, 그는 부하의 말을 듣지 않았을 것이다. 회개하지 않는 마음은 굳어지고 교만해져 있다. 회개하지 않는다는 것은 눈을 가리고 자신의 죄악을 보지 않는 것이다. 그래서 이들은 자신의 의견을 주장하고 고집하며 다른 사람의 의견을 무시하고 저주한다. 언제나 다윗은 죄로 인해 고통을 당하면 먼저 겸손한 마음으로 회개를 시작한다. 이것이 그의 마음을 부드럽게 했으며, 부하들의 의견을 듣게 했다. 다윗은 문 앞에 서서 부하들이 전쟁터에 나가는 모습을 보았다. 지금 그에게 있어서 전쟁의 승패는 중요하지 않을 것이다.

왜냐하면 이 모든 일들이 자신의 죄로 인해서 발생한 것이기 때문이다. 아마도 다윗은 이 자리에서 자신이 전쟁터에서 살인한 우리아를 생각했을 지도 모른다. 다윗의 고통은 언제나 자신의 죄악으로부터 시작했다.

> 왕이 요압과 아비새와 잇대에게 명령을 내렸습니다. "나를 봐서라도 어린 압살롬을 너그럽게 대해 주시오." 왕이 압살롬에 대해서 지휘관들에게 내린 명령을 모든 백성들이 다 들었습니다. (삼하 18:5)

아들을 향한 아버지의 사랑으로 다윗은 그의 군대 장관에게 압살롬의 생명을 구걸한다. 그러나 압살롬은 하나님이 세우는 왕의 자리를 교활하고 잔인한 방법으로 빼앗으려고 하는 자이며, 자신의 아버지의 생명을 노리는 비열한 반역자 일 뿐이다. 이미 하나님의 공의에 의해서 압살롬의 생명은 없는 것과 마찬가지이다. 그러나 이렇게 최악의 상태에도 다윗은 아버지의 마음을 버리지 못했다. 성경의 많은 장들을 살펴도 이렇게 극진한 아버지의 마음을 드러낸 구절이 없다. 그 어디에도 비열하며 죄로 가득한 자를 향한 사랑을 감동적으로 나타낸 말씀은 없다. 우리는 지금 다윗의 모습을 보아야 한다. 아버지 다윗은 원수가 아닌 아들에게 반역을 당해서 궁궐에서 도망 나와야 했고 원수들 앞에서 조롱을 당해야 했다. 용서하고 감싸주며, 모든 것을 허락한 아들이, 이제는 증오와 저주, 살해의 위협으로 아버지를 죽이고자 했다. 아버지인 다윗의 권위는 바닥으로 버려졌다. 그러나 사단의 노예가 되어버린 아들을 향한 아버지의 사랑은, 그를 죽음의 수렁에서 건져내기 위해 부하들에게 간곡하게 부탁한다. 이러한 다윗의 사랑이 놀랍고 위대하게 보인다 해도, 이것은 예수께서 우리에게 나타낸 사랑에 비하면 흐릿한 그림자에도 미치지 못한다. 하나님의 사랑이 아들을 세상에 보낼 만큼 컸다. 자신의 백성을 버리지 못하는 아버지 하나님의 사랑이, 백성이 타락해서 죄에 빠지고, 하나님을 조롱하고 저주 할 때도 동일하게 임했다. 아버지 하나님의 사랑의 확증은 자신의 아들을 죽임으로 완벽하게 증거 되었다.

> 그런데 그리스도께서는 우리가 아직 죄인이었을 때에 우리를 위해 죽으셨습니다. 이것으로써 하나님께서는 우리를 향한 그분의 사랑을 나타내셨습니다. (롬 5:8)

하나님의 사랑은 끊어지거나 없어지지 않으며 변하지 않는다.

> 예수님께서는 자신이 이 세상을 떠나 아버지께로 돌아갈 때가 왔다는 것을 아셨습니다. 예수님께서는 세상에 있는 자기의 사람들을 사랑하시되 끝까지 사랑하셨습니다. (요 13:1)

이 사랑은 언제나 우리의 생각과 상상을 초월하여 나타난다.

> 다윗의 군대가 압살롬의 이스라엘 사람들과 맞서 싸우기 위해 들로 나갔습니다. 그들은 에브라임 숲에서 싸웠습니다. (삼하 18:6)

이제 전쟁이 시작되었다. 아주 잠시 동안 전쟁이 격렬하게 벌여졌다. 그러나 하나님은 전쟁의 마지막을 보여주기 시작했다. 반역을 일으킨 반역자들이 전쟁에 패하기 시작했다.

> 이 싸움에서 다윗의 군대는 이스라엘 사람들을 물리쳐 이겼습니다. 그 날에 죽은 사람만 해도 무려 이만 명이나 되었습니다. 싸움이 나라 전체에 퍼졌지만, 그 날, 숲 속에서 도망치다 죽은 압살롬의 부하들은 칼에 맞아 죽은 사람보다 더 많았습니다. (삼하 18:7–8)

이제 반역자를 향한 하나님의 심판이 시작되었다. 다윗의 군대가 반역자를 죽이기 시작했다. 무려 이만명이 되는 사람이 죽었고, 압살롬의 군대는 도망치기 시작했다. 이것은 당연한 일이다. 하나님이 세우고 함께하는 왕을 향해 전쟁을 하는 것은 미친 행동이다. 오랜 시간 자신에게 은혜를 베풀었고, 지혜롭게 백성을 다스린 다윗에게 반역을 한 것은 죽음을 자초한 일이다. 언제나 반역자는 패하게 되어 있다. 압살롬의 속이는 말에 속아, 반란의 무기를 들었던 자들은 이제 알았을 것이다. 압살롬이 자신들에게 약속한 반란의 대가는 허망한 것이며, 그 대가는 황금이 아니라 죽음이라는 것을 알게 되었다.

지금 이곳에서 하나님이 누구의 손을 들어주고 있는지 분명하게 나타난다. 반란자들은 에브라임 수풀 속에서 다윗의 칼이 아니라 하나님의 심판의 칼을 맞고 있다. 이 구절에서 칼에 죽은 자 보다 수풀에서 도망치다 죽은 자가 많다고 했다. 여기서 무슨 일이 일어났는지 정확하게 알 수는 없다. 그러나 분명한 것은 하나님이 지금 싸우고 있다는 사실이다. 다윗의 부하들은 적은 힘으로도 반역자들을 이길 수 있었다. 반역자들은 인간의 칼은 피할 수 있었지만 하나님의 칼을 피할 방법이 없었다. 이만이 넘는 사람이 죽었다. 이것은 이스라엘에게 심각한 타격이다. 필요 없는 전쟁으로 이스라엘은 이만이나 되는 군인을 잃어버렸다. 이것은 죄악이 주는 심각한 손해이다. 죄는 모든 것을 무너트리며, 파괴하며, 저주하는 힘을 가졌다. 그럼 이제 압살롬의 운명은 어떻게 되는가? 이제 하나님은 가장 분명한 방법으로 압살롬을 죽이고자 한다. 이제 그에게 남은 것은 없다.

> 그 때에 압살롬은 우연히 다윗의 군대와 마주쳤습니다. 압살롬은 노새를 타고 있었는데, 마침 달리던 그 노새가 커다란 상수리나무 아래로 지나가게 되었습니다. 그 나무의 가지들은 매우 굵었습니다. 노새를 타고 달리던 압살롬의 머리가 그만 그 나뭇가지에 걸리고 말았습니다. 노새는 그래도 그냥 달려갔습니다. 그래서 압살롬은 나뭇가지에 걸린 채 공중에 매달리게 되었습니다. (삼하 18:9)

하나님의 심판은 두렵기만 하다. 커다란 나무의 가지가 마치 하나님의 손처럼 묘사되어 있다. 이 가지가 하나님의 심판의 손이 되어 압살롬의 머리를 잡았다. 그가 타고 도망하였던 노새는 빠른 걸음으로 도망가 버리고, 이제 압살롬은 나무에 매달려 죽음을 기다려야 했다. 마치 하나님의 저주를 받은 것처럼 그는 자신의 운명을 기다려야 했다. 아무것도 할 수 없었다. 자신을 구할 수 있는 방법이, 칼을 뽑아 싸울 수 있는 방법이 전혀 없었다. 이제 그는 혼자가 되었다. 자신을 따르던 부하들에게서 버림받았고, 하나님에게는 저주와 심판을 받았다.

> 어떤 사람이 그 모습을 보고 요압에게 그 사실을 이야기했습니다. 압살롬이 상수리나무에 매달려 있는 것을 보았습니다. (삼하 18:10)

이 구절을 보면 압살롬이 나무에 매달린 시간이 오래 된 것처럼 보인다. 만약이 다윗이 이런 경우였다면, 그는 분명히 하나님께 회개하고 마음을 돌이키며 용서를 구했을 것이다. 긍휼의 은혜가 풍성한 하나님의 도움을 청하며, 목숨을 구했을 것이다. 그러나 애석하게도 성경의 어디에도 압살롬이 하나님께 용서를 구했다는 구절은 없다. 죄 앞에서 살길은 하나님께 겸손한 마음으로 용서를 구하는 것 이외는 없다. 한 사람이 압살롬의 마지막 모습을 보았다. 그러나 그는 압살롬을 죽이지 않고 요압에게 보고한다. 아마도 다윗의 부탁을 기억하고 있었을 것이다. 그러나 요압은 이렇게 말한다.

> 요압이 그에게 말했습니다. "네가 압살롬을 보았느냐? 그렇다면 왜 죽여서 땅에 떨어지게 하지 않았느냐? 그렇게만 했다면 너에게 은 열 개와 띠 하나를 주었을 것이다." (삼하 18:11)

반역자 압살롬을 앞에 두고 한 사람은 다윗의 명령을 기억하고 있지만, 요압은 압살롬을 죽이고자 한다. 요압의 이 말은 자신의 생각을 드러낸 것이다. 요압은 하나님을 두려워하지 않는 장군이었다. 그는 다윗의 명령을 기억하고 다른 사람의 양심을 지키기 보다는 눈에 보이는 적을 죽이는 것이 우선인 사람이었다.

그 사람이 대답했습니다. "제게 은 천 개를 준다 해도 왕자를 해치고 싶지 않았습니다. 우리는 왕께서 장군님과 아비새와 잇대에게 내리신 명령을 들었습니다. 왕께서는 어린 압살롬을 해치지 않도록 조심하라고 말씀하셨습니다. 만약 내가 왕의 명령을 듣지 않고 압살롬을 죽였다면, 왕께서는 반드시 그 사실을 알아 내셨을 것입니다. 그 때에는 장군님도 저를 보호해 주지 않으실 겁니다." (삼하 18:12,13)

성경은 이 사람의 이름을 말하지 않는다. 그러나 그는 주저하지 않고 자신의 행동을 설명하고, 요압의 말에 반대하고 있다. 비록 자신이 압살롬을 죽여서 상금을 받는다고 할지라도 생명을 잃어버리면 아무 소용이 없다는 것을 알았다. 요압은 물질적인 보상을 말하지만 이 사람은 지혜롭게 자신의 생명이 더 중요한 것을 알았다. 이 사람의 말에는 허점이 없었다. 그래서 요압은 대화를 끊고 압살롬의 생명을 사냥하러 갔다.

요압이 말했습니다. "여기에서 너하고 이러고 있을 시간이 없다." 요압이 압살롬에게 달려갔습니다. 압살롬은 그 때까지 아직 산 채로 나무에 매달려 있었습니다. 요압은 창 세 자루를 집어 들어서 압살롬의 가슴을 꿰뚫었습니다. (삼하 18:14)

이 구절은 요압의 인간적인 성품을 알아내기에 좋은 말씀이다. 요압처럼 다윗과 생사고락을 같이 한 사람은 없다. 다윗과 함께 위험과 고난을 이겨내며 지금까지 온 사람이 요압이다. 언제나 다윗의 편이 되었고 그의 오른팔이 되어서 전쟁터를 누비며 다녔다. 만약에 요압이 다윗에게 행한 외적인 일들만을 생각한다면, 이 사람처럼 충성된 신하는 없을 것이다. 그러나 요압은 그의 마음 깊은 곳에서 부터 다윗을 섬기지 않았다. 외적으로는 다윗을 존중하는 것처럼 보여지만, 요압은 다윗이 가지고 있는 성품을 존중하지 않았다. 다윗을 진정으로 섬긴다면 먼저 하나님을 두려워하며, 존중하고, 경외하는 마음을 가지는 것에서 시작해야 한다. 이것이 없는 요압은 다윗을 진정으로 섬길 수 없었다. 누구든지 상사의 인격을 존경하지는 않지만, 그가 가지고 있는 사회적 지위 때문에 존중하고 섬기는 일은 가능하다. 이런 경우에는 진심에서 나오는 충성을 기대할 수 없다. 언제든지 자신의 이익을 위해서 섬기는 마음을 버릴 수 있다. 이러한 섬김의 동기가 이기적인 것에서 출발하기 때문에, 언제든지 자신의 고집과 이기적인 마음과 교만한 생각이 나타날 수 있다. 요압이 이러한 사람이었다. 그는 다윗에게 허락 받은 직분을 지키는 일에는 최선을 다하였다. 그러나 그는 언제나 그 직분을 이용하여 자신의 이기적인 욕심을 채웠다. 다윗이 존재함으로 요압은 자신의 이기적인 마음을 채울 수 있었다.

다윗의 부탁이 아무리 간절하고 분명할 지라도, 다윗의 권위를 손상시키지 않고 자신의 이기심을 채우고, 목적을 완성 할 수 있다면, 요압은 머뭇거림 없이 다윗의 소원을 무시할 수 있었다. 요압은 이런 식으로 다윗과 하나님을 무시하였다. 다윗의 인생 전체를 관심 있게 보면, 왕으로써 통치하던 말년에는 아무런 영향력이 없었던 것을 알 수 있다. 그저 이름만 있는 왕이 되었다. 다윗은 군대 장관 요압에 대한 신뢰가 전혀 없었지만 그의 자리를 빼앗을 힘도 없었다. 그러면 어떻게 요압이 다윗에게서 이러한 힘과 능력을 가지게 되었는가?

이튿날 아침, 다윗은 요압에게 편지를 써서 우리아에게 그 편지를 전하게 했습니다. 다윗이 쓴 편지의 내용은 이러했습니다. "우리아를 싸움이 가장 치열한 곳으로 보내어라. 그런 다음에 우리아만 혼자 남겨 두고 물러 나거라. 우리아를 싸움터에서 죽게 하여라." (삼하 11:14,15)

바로 다윗의 죄악으로 인해 요압은 큰 힘을 얻게 되었다. 자신의 크고 비밀한 죄악의 하수인으로 요압을 사용함으로, 죄로 인해 다윗은 권세를 잃어버렸다. 모든 권세와 자유를 요압에게 바친 것이다. 다윗과 함께한 요압의 모습을 보면 용사 중에 용사라고 할 수 있다. 사울 일가의 힘이 크고 강해서 초기 다윗의 통치는 쉽지 않았지만, 요압이 있었기에 다윗은 왕의 권력과 능력을 가질 수 있었다. 그러나 문제는 요압이 하나님과 다윗을 두려워하지 않는 것이다. 압살롬이 반역을 일으키는 동안 요압은 다윗에게 충성을 다하여 싸웠다. 그것은 다윗의 통치 권력이 다른 사람에게 넘어가는 것을 원하지 않았기 때문이다. 요압은 다윗의 모든 것을 알고 있었다. 심지어 그가 무슨 생각을 하고 있는지도 아는 것 같았다. 만약 새로운 왕이 들어서면 요압에게도 큰 문제이기 때문에, 요압은 다윗을 대적하는 새로운 세력과 싸우는 일에는 머뭇거림이 없었다. 요압이 압살롬과 전쟁을 하는 것은 자신의 왕 다윗을 섬기기 위한 싸움이 아니다. 그가 다윗의 말을 무시하는 것을 보면 알 수 있다. "나를 봐서라도 어린 압살롬을 너그럽게 대해 주시오." 다윗의 말을 모든 사람이 들었고 요압도 들었다. 그러나 그는 주의하지 않았고 더 이상 다윗을 왕으로 생각하지 않은 것 같다. 요압이 압살롬을 죽인 것은, 다윗이 우리아를 죽인 것처럼, 고의적인 살인이다. 요압은 압살롬을 다윗의 대적으로 생각하지 않고 자신의 권력을 훔치는 도적으로 생각했다. 그래서 잔인하게 압살롬을 죽였다. 요압이 다윗을 진정으로 섬기고 사랑했다면 다윗이 "내 아들 압살롬아, 내 아들 압살롬아! 차라리 내가 죽어야 되는 건데! 압살롬아, 내 아들아, 내 아들아!" 하며 통곡하게 하지 않았을 것이다. 요압은 압살롬의 심장을 거침없이 찔렀다.

> 그 후에 요압의 부하들이 압살롬의 시체를 가지고 갔습니다. 그들은 그 시체를 숲 속의 커다란 구덩이에 던져 넣고 나서 구덩이를 수많은 돌로 메워 버렸습니다. 압살롬을 따르던 모든 이스라엘 사람들은 집으로 도망쳤습니다. (삼하 18:17)

비참한 일이 일어났다. 왕의 아들의 시체가 구덩이에 던져진 것이다. 반역하여 성공 할 줄 알았지만 어이없게 도망치다 나무에 걸려, 한때는 함께 하였던 요압에게 죽임을 당하였다. 그의 무덤이 돌무더기로 되었다는 것은 압살롬이 하나님께 저주 받았다는 의미이다.

> "그의 부모는 장로들에게 이렇게 말하시오. '우리 아들은 고집이 세고 무엇이든 제멋대로 하려 들고 우리 말을 듣지 않습니다. 먹고 마시기를 좋아하며 언제나 술에 취해 있습니다.' 그러면 그 성의 모든 사람들은 그를 돌로 쳐 죽여 여러분 가운데서 그런 악한 일이 없게 하시오. 모든 이스라엘 백성이 그 이야기를 듣고 두려워하게 될 것이오." (신 21:20,21)

> 압살롬은 죽기 전에 '왕의 골짜기'에 한 기둥을 세워 자기를 스스로 기념한 일이 있습니다. 압살롬은 "내 이름을 전할 아들이 내게는 없다"는 말을 했습니다. 그래서 압살롬은 자기 이름을 따서 그 기둥을 세웠습니다. 오늘날에도 그 기둥은 '압살롬의 기념비'라고 부릅니다. (삼하 18:18)

하나님의 원리는 언제나 스스로 높이는 자를 낮고 비참하게 만든다. 사무엘하 14장 27절을 보면, 압살롬에게는 세 아들이 있었지만 이들은 먼저 세상을 떠났다. 자식이 없는 압살롬은 이렇게 스스로 비석을 세워서 자신의 이름을 영광스럽게 하려고 했다. 반역 이후에 왕이 되고, 후에 죽으면 바로 이곳에 묻히려고 한 것 같다. 그러나 그의 계획은 취소되었고 영광 대신 돌무더기가 그의 무덤을 대신하였다.

> 사독의 아들 아히마아스가 요압에게 말했습니다. "달려가서 다윗 왕에게 이 소식을 전하겠습니다. 여호와께서 원수를 무찔러 주셨다고 왕에게 전하겠습니다." (삼하 18:19)

아히마아스는 사독 제사장의 아들이다. 아히마아스는 자신의 목숨을 걸고 압살롬의 반역 계획을 다윗에게 알린 사람 중에 한명이다.

> 요나단과 아히마아스는 성으로 들어가는 것을 남들이 보게 될까봐 겁이 나서 성의 한적한 곳인 엔로겔에서 기다리고 있었습니다. 그래서 한 여종이 그들에게 가서 소식을 전해 주곤 했습니다. 그러면 요나단과 아히마아스는 그 소식을 다시 다윗 왕에게 전해 주었습니다. (삼하 17:17)

지금 아히마아스가 하는 말에 주목해야 한다. 그는 이 전쟁의 승리를 여호와 하나님께 돌리고 있다. 여호와께서 원수를 무찔러주었다고 고백한다. 이 얼마나 경건한 사람인가! 대부분의 사람은 기쁜 순간이 오면 하나님의 존재를 잊어버리고, 마치 자신이 한 것처럼 생각하고 즐거워한다. 그러나 만약 우리가 신실한 하나님의 종이라면, 이러한 승리와 행복의 순간에 모든 영광을 하나님께 드려야 한다.

시편의 말씀처럼 하나님은 기이한 일을 행하며, 거룩한 구원을 베푸는 분이다. 경건한 사람은 먼저 하나님을 영광스럽게 해야 한다.

> 요압이 아히마아스에게 말했습니다. "안 된다. 오늘은 이 소식을 전하지 마라. 다른 날에도 이 소식은 전할 수 있으니 네가 오늘 이 소식을 전하지 마라. 왜냐하면 왕자가 죽었기 때문이다." (삼하18:20)

요압이 아히마아스의 요구를 거절한 것은 바로 다음 구절을 보면 알 수 있다. 요압은 왕자가 죽었기 때문에 소식을 전하는 아히마아스가 죽을 지도 모른다고 생각했다. 이상한 것은 남의 생명에 관심이 없는 요압이 그의 생명을 걱정한 일이다. 아마도 요압은 그가 쓸모 있고 앞으로 자신의 일에 도움이 될 것이라고 생각한 것 같다. 요압처럼 다윗의 마음과 행동, 이전에 행한 일들을 알고 있는 사람은 없다. 그는 다윗이 이전에 사울의 죽음을 전한 전령에게 한 일을 알고 있었다.

> 다윗이 사울에 대한 소식을 가지고 온 젊은이에게 물었습니다. "너는 어디에서 온 누구냐?" 젊은이가 대답했습니다. "저는 외국 사람의 아들입니다. 저는 아말렉 사람입니다." 다윗이 그에게 물었습니다. "너는 왜 여호와께서 기름 부으신 사람을 죽이는 일을 두려워하지 않았느냐?" 그리고 나서 다윗은 자기 부하 중 한 사람을 불러서 "자! 저 아말렉 사람을 죽여라!" 하고 명령했습니다. 그 부하는 아말렉 사람을 죽였습니다.
> (삼하 1:13-15)

사울을 죽이고 그 소식을 전한 자에 대하여 다윗은 죽음으로 복수하였다. 이것을 목격한 요압은 다시 이런 일도 동일하게 일어날 것을 생각한 것 같다.

그리고 나서 요압은 어떤 구스 사람에게 말했습니다. "가거라. 가서 왕에게 네가 본 대로 말씀드려라." 구스 사람은 요압에게 절을 하고 다윗에게 달려갔습니다. 그러나 사독의 아들 아히마아스가 요압에게 다시 말했습니다. "무슨 일이 일어나도 좋으니 제발 저도 저 구스 사람과 함께 가게 해 주십시오." 요압이 말했습니다. "얘야, 어찌하여 이 소식을 그렇게 전하고 싶어하느냐? 이 소식을 가지고 간다고 해서 상을 받을 것도 아닌데." (삼하 18:21,22)

이 구절을 이해하기 힘든 말씀이다. 아히마아스는 "무슨 일이 일어나도 좋으니"라고 말한다. 이 말은 자신이 죽을 수도 있다는 것을 알고 있는 말이다. "내가 죽어도 좋으니"라고 해석해도 무방할 것 같다. 왜 아히마아스가 이렇게 과도한 충성을 보이는지 이해하기 어렵다. 상을 받기도 어려운 일에 그가 왜 자신의 목숨을 담보로 하여 전하는 지 이해하기 어렵다. 아마도 저자의 생각으로는 그가 왕의 아들의 죽음으로 겪어야 하는 고통과 절망을 조금이라도 줄여주기 위해서 이렇게 행동하지 않았는가 생각한다.

왕의 하나님 여호와를 찬양합니다. 여호와께서 내 주 왕에게 대적하는 사람들을 물리치셨습니다. (삼하 18:28)

아히마아스는 이렇게 지혜롭게 소식을 전한다. 일반적인 전령이었다면, 요압이 보낸 구스 사람이었다면, 그는 "왕이여, 압살롬이 죽었나이다."라고 했을 것이다. 그러나 아히마아스는 먼저 여호와 하나님의 이름을 부르며, 아들이 죽었다고 하지 않고, 하나님께서 대적을 물리쳤다고 지혜롭게 말했다. 이 모든 것이 하나님이 주신 지혜이다.

13. 어리석은 왕

삼하 24:1-3

여호와께서 또다시 이스라엘 백성에게 진노하셨습니다. 그래서 여호와께서는 다윗의 마음 속에 이스라엘 백성의 수를 세려는 충동을 불어넣으셨습니다. 다윗이 말했습니다. "가서 이스라엘과 유다 백성의 수를 세어 보아라." 다윗 왕이 군대 지휘관인 요압에게 말했습니다. "이스라엘의 모든 지파 사이를 두루 다니시오. 단에서 브엘세바까지 다니면서 백성의 수를 세시오. 그래서 그 수가 얼마나 되는지 나에게 알려 주시오." 그러나 요압이 왕에게 말했습니다. "왕의 하나님 여호와께서 왕에게 백 배나 더 많은 백성을 주시기 바랍니다. 그리고 그런 일이 일어날 때까지 왕께서 살아 계시기를 바랍니다. 하지만 왕께서는 어찌하여 이런 일을 하려 하십니까?"

어리석은 왕

사무엘하 24장

✿

이제 왕의 마지막 실수를 보아야 한다. 비록 이것이 이전의 죄악 보다는 가볍지만 죄를 심판하는 하나님의 진노는 두렵기까지 한다. 하나님 앞에 죄는 사람의 영혼을 어둡고 두렵게 한다. 사무엘하 24장에서 왕의 죄악은 이스라엘과 유다의 인구를 계수한 사실이다. 다윗 왕이 인구를 계수한 목적과 의도는 단순하다. 전쟁에 필요한 장정의 수를 확인하고자 함이다. 자세히 보지 않으면 왕의 이러한 행동이 죄가 되지 않는 것처럼 보인다. 또한 부하들에 의해서 심하게 거부당하지 않아도 되는 일처럼 생각된다. 그러나 이 일 이후에 왕은 자신의 죄악을 인정하고 하나님 앞에 크게 범죄한 사실을 확인했다. 그러나 이미 하나님의 진노는 백성 가운데 임했다. 이 일로 하나님께서 직접 7만이 넘는 사람을 온역으로 죽였다. 이처럼 하나님은 죄악을 불쾌하고 심판의 대상으로 생각한다.

성경에 사람을 계수한 일은 첫째는 하나님께서 직접 모세에게 명령한 경우이다. 이 일은 광야에서 진을 치기 위해서다.(민 1장) 둘째는 출애굽 이후 각 지파들이 가나안 땅을 분배 받기 위해서다.(민 26장) 이 두 경우 인구 계수의 기준은 20세 이상 전쟁에 나갈 사람에 한정한다. 모세의 이러한 계산으로 전쟁에 나갈 수 있는 장정의 수를 정확하게 알았다. 두 경우를 말한 것은 분명 다윗 왕이 처음으로 한 일이 아니라 이미 모세에 의해서 일어난 일이다. 이후에 하나님은 지도자들에게 백성의 인구수를 계산하라고 한 적은 없다. 또한 다윗 왕에게 인구 숫자를 계수하기를 명한 적은 없다. 그러나 사무엘하 24장 1절은 분명히 이렇게 말한다.

> 여호와께서 또다시 이스라엘 백성에게 진노하셨습니다. 그래서 여호와께서는 다윗의 마음속에 이스라엘 백성의 수를 세려는 충동을 불어넣으셨습니다. 다윗이 말했습니다. "가서 이스라엘과 유다 백성의 수를 세어 보아라." (삼하 24:1)

위의 말씀을 보면 다윗은 분명히 큰 범죄를 저질렀다. 그러나 확실하지 않는 것은 어디서 다윗의 죄악이 시작되었는가? 하는 것이다. 어떤 역자는 역대상 27장 23,24절의 말씀을 통하여, 다윗의 죄는 20세 미만을 함께 계산한 것이라고 한다. 또 다른 역자는 다윗이 백성의 숫자를 계산해서 죄를 범했다고 한다. 이러한 행동은 아브라함에게 "너희 자손이 바닷가의 모래처럼 많을 것"이라는 약속을 믿지 않는 것에서 출발한다고 한다. 또 다른 해석은 다윗이 하나님을 무시하는 죄를 범했다고 한다. 다윗이 백성을 계수 할 때 하나님의 응답을 기다리지 않았고 이것으로 인해 하나님의 분노가 임했다고 주장한다. 이제 우리는 다양한 의견들을 이해하고 보충하여 정확하게 해석해야 한다.

다윗이 이처럼 바보스러운 행동을 한 것은 왕의 교만한 마음이 원인이다. 만약 다윗이 하나님께서 허락한 성공을 자신이 만든 것으로 오해하였고 전쟁의 승리를 준 하나님 보다 승리에 더욱 관심을 두고 있다면 이러한 영적인 교만은 합당하게 설명된다. 성경은 "교만은 패망의 선봉이요. 거만함은 넘어짐의 앞잡이"라고 하기 때문이다. 다윗의 교만을 이해하기 위해서 이 사건이 발생한 시기를 살펴보는 것이 도움이 된다. 이전 장에서 보듯이 왕의 군대는 하나님의 도움으로 전쟁에서 승리하고 있었다. 블레셋을 몰살하고, 모압 왕은 이스라엘의 신하가 되었으며, 앗수르와 에돔 사람들은 이들의 종이 되었다. 왕의 군대는 이미 넓은 지역을 다스리는 강한 군대가 되었다.

> 다윗의 이름이 모든 나라에 알려졌습니다. 여호와께서는 모든 나라들이 다윗을 두려워하도록 만드셨습니다. (대상 14:17)

이제는 모든 민족과 나라가 다윗 왕을 두려워하게 되었다. 하나님께서 왕에게 허락한 모든 것이 하나도 남김없이 이루어졌다. 그러나 다윗은 우리처럼 죄의 감정이 있는 사람이었다. 연약한 죄인의 아들이었다. 언제나 죄가 그 속에서 자라고 있었다.

다윗의 손에 든 잔이 가득 채워져 갈수록 왕은 손에 힘을 더욱더 강하게 해야 했다. 하나님의 복을 누렸던 아담과 하와가 실패했듯이 왕도 하나님의 복을 누리는 일에 실패했다.

여호와께서 또다시 이스라엘 백성에게 진노하셨습니다. 그래서 여호와께서는 다윗의 마음속에 이스라엘 백성의 수를 세려는 충동을 불어넣으셨습니다. 다윗이 말했습니다. "가서 이스라엘과 유다 백성의 수를 세어 보아라." (삼하 24:1)

사탄이 이스라엘을 괴롭히려고 일어났습니다. 사탄이 다윗의 마음속에 이스라엘 백성의 수를 세어 보고 싶은 욕심을 주었습니다. (대상 21:1)

이 두 말씀은 서로 부딪히고 이해를 방해한다고 하지만 서로 보충하는 말씀이다. 하나님은 죄를 만들거나 사람들로 하여금 죄를 짓게 하지 않는다. 그러나 죄의 모든 것은 하나님의 권세 아래에 있다. 그래서 죄가 하나님에 의해서 사용 될 때에는 사단도 자신의 역할을 해야 한다.

역대상의 말씀을 보면 하나님께서 사단을 통해서 다윗 왕을 시험하였다. 아무리 위대한 왕이라도 혼자서 깨어 있지 않으면 사단의 시험에 빠지고 죄를 짓게 된다. 부하들이 강력하게 거절하고 간청했지만 왕은 하나님이 싫어하는 일을 저질렀다. 이처럼 누구라도 깨어 있지 않다면 범죄에 빠져 들것이다. 이 일은 다윗이 어느 정도 안정기로 접어들었을 때 일어난 일이다. 오랜 전쟁 이후, 이스라엘의 원수들은 멸절되거나 항복한 상태이다. 어린 다윗에게 골리앗이 죽은 이후로, 블레셋은 더 이상 이스라엘을 괴롭히지 않았다. 이스라엘은 주변의 모든 나라를 정복하였고, 많은 나라들로부터 노략물을 얻어왔다. 이들에게서 얻은 많은 황금을 하나님께 드렸다. 이제 이스라엘이 한 번도 경험해 보지 못한 승리와 안정이 찾아 왔다. 피 묻은 칼은 칼집으로 들어갔으며 다윗의 시대는 가고 솔로몬이 왕위를 계승할 시기가 다가 왔다. 법궤도 전쟁터를 벗어나 평안히 장막 가운데 거하였다. 왕은 성전 건축을 위한 준비를 철저하게 하였다. 성전이 건축되면 온 이스라엘은 영광의 하나님을 찬양하며 거룩한 연합의 예배를 드리게 될 것이다. 이제 하나님의 거룩한 전에는 영광이 가득할 것이며 평안과 복된 시대가 올 것이다. 그러나 이러한 모든 것은 하나의 모형이며 앞으로 다가올 것에 비하면 그림자에 불과하다.

위에서 지목한 사실이 정답이다. 이스라엘에게 찾아온 평화는 하나의 그림자며 사실이 아니다. 이 사실을 믿음의 눈으로 보면 이해가 될 것이다. 그러나 육신의 눈으로 본다면 이해하기 힘든 사실이다. 지금 이스라엘이 누리고 있는 평화가 진짜가 아니라는 것은 이해하기 어렵다. 그러나 믿음의 눈을 가지고 이것을 묵상하면, 장차 앞으로 일어날 일들에 대한 거대한 소망을 가지게 되며 믿음을 굳건하게 할 수 있다. 지금의 안식과 평화보다 앞으로 경험하게 될 영원한 평화와 안식이 있다는 것은 큰 소망이 된다. 이렇게 믿음은 미래를 바라보게 하며 인내하게 하며 소망을 가지게 한다. 그러나 이 평안한 시기는 마치 모든 것을 다 이룬 것처럼 보일 때 이 현실의 평안함이 큰 덫이 될 수 있다.

육신의 눈과 힘이 앞설 때에는 하나님이 주신 승리와 성공이 은혜인 것처럼 생각 할 수 있지만, 실제로는 자신의 위치를 교만하게 하는데 사용된다. 쓸모없는 잡초는 태양 빛만 있으면 어디서든 자란다. 꽃이 있는 틈 사이에서도 잘 자란다. 만일 우리의 본래적 성품이 항상 깨어 있지 않으면 꽃 틈에서 자라는 잡초와 같이 아무런 쓸모없는 것이 될 것이다.

다윗의 어리석은 실수에서 가르치는 교훈은 성공이 가지고 있는 위험한 덫이다. 고난과 어려움이 영적인 성장에 도움을 준다. 그러나 번창함과 성공, 번영은 영적인 생명에 치명적인 위험이 될 수 있다. 우리가 평안 할 때 영적인 잠을 잘 수 있다. 이때 고난과 어려움이 다가 올 수 있으며 이것은 우리에게 불평과 불만을 가져다준다. 성공 할 때 더욱더 조심하고 깨어 있지 않는다면 교만과 자기만족이라는 큰 덫에 빠진다. 만약 죄악으로 인해 고난을 받게 된다면 분명 낮아지고 겸손하게 하나님의 도우심을 청할 것이다. 그러나 성공해서 배가 부르며 풍요롭게 된다면 그때가 하나님이 떠나는 시기다. 성공한 자들은 동일하게 하나님을 부정하고 자신의 뜻에 따라 행동한다. 이상하지 않는 것이 있다. 하나님께서는 세상에서 많은 재물이나 명성을 가진 자를 의지하지 않는다. 신뢰하지 않는다. 분명하게 당연한 일이다. 이들은 하나님의 음성을 듣지 않는다. 영적인 축복에도 이것과 동일한 원칙이 작용한다. 미래에 일어날 영적인 축복이 보장된다고 하자.

이 축복은 현재에 일어날 것이 아니라 미래에 일어난다. 그러나 우둔한 자들은 마치 축복이 지금 일어난 것처럼 착각한다. 그래서 앞으로 나아가지 못하고 그 자리에 머무르며 죄악을 저지르며 죄의 욕구를 채워버린다. 다시 설명하면 지금 이스라엘이 누리는 평화는 앞으로 일어날 일들에 대한 그림자며 모형이다. 실제적으로 일어난 일이 아니라는 뜻이다. 그런데 왕은 이 일이 지금 일어난 것처럼 생각하고 믿고 있다. 왕의 실수를 두 가지로 생각 할 수 있다. 첫 번째 왕이 이스라엘의 수를 계수한 것은 이제 나라가 안정되었고 부요해졌다고 왕이 혼자서 생각한 결과다. 두 번째 인구를 확인하는 것은 하나님 주권에 대한 도전이다. 이스라엘의 왕이 하나님이 아니라 자신이라고 생각했기에 백성의 수를 계수했다.

이스라엘은 개인의 소유물이 아니다. 오직 하나님만이 유일한 왕이다. 이들을 자신의 소유물로 알았다면 큰 실수를 한 것이다. 이스라엘은 하나님의 소유물이며, 여호와의 기업이다. 오직 하나님께서 명령하고 지시 할 때만 그 숫자를 세어야 한다. 하나님의 법은 이 사실을 명확하게 규정한다.

> 너는 이스라엘 백성의 수를 세어라. 그 때에 모든 사람이 자기 목숨을 대신한 값을 여호와께 바치게 하여라. 그래야 백성의 수를 셀 때, 그들에게 재앙이 일어나지 않을 것이다. 인구 조사를 받는 사람은 누구나 성소의 세겔대로 은 반 세겔을 내게 하여라. 한 세겔은 이십 게라이다. 그것은 여호와께 바치는 예물이다. 인구 조사를 받는, 곧 스무 살 이상인 사람은 누구나 여호와께 그만큼 바쳐라. 부자라고 해서 더 많이 내지도 말고, 가난한 사람이라고 해서 적게 내지도 마라. 너희가 바치는 것은 너희 목숨을 대신해서 여호와께 바치는 것이다. 너는 이스라엘 백성이 목숨을 대신해서 내는 돈을 받아서 회막의 봉사를 위해 쓸 수 있게 하여라. 그러면 나 여호와가 이스라엘 백성을 기억하여 생명을 지켜 줄 것이다.
> (출 30:12-16)

"자신의 목숨 값"을 여호와께 바치라고 한다. 이 말은 백성의 숫자를 계수하는 사람이나, 명령하는 사람을 교만하지 않도록 한다. 자신의 목숨을 가지고 있는 분이 하나님이기에 여호와를 두려워해야 한다.

두려운 하나님이기에 분노의 결과도 두려운 것이다. 다시 설명하면 그리스도인이 하나님을 거룩하게 섬기며 가까이 다가설수록 하나님의 분노를 일으킬 기회가 더 많아 진다는 뜻이다. 하나님을 높이고 섬기는 일이 커질수록 우리의 죄악 된 본성이 더욱더 선명하게 드러나기 때문이다. 하나님을 섬기도록 선택받은 사람들은 죄에 대한 속죄를 가져야 한다. 죄의 용서함 받는 것이 없이 백성을 계수하는 일은 하나님의 징계를 불러일으킨다. 다윗 왕이 백성의 죄에 대한 속죄 함 없이 계수한 것은 이미 자기 안에 있는 교만의 결과이다. 하나님의 징계와 벌을 두려워하거나 무서워하지 않았기에, 이스라엘 백성의 숫자를 세는 교만함에 빠졌다. 다윗 왕은 이제는 죄를 속하는 일 없이도 자신들의 힘으로 나라를 강하게 할 수 있겠다는 착각에 빠졌고 이러한 교만한 마음으로 백성의 숫자를 계수하였다.

> 사탄이 이스라엘을 괴롭히려고 일어났습니다. 사탄이 다윗의 마음속에 이스라엘 백성의 수를 세어 보고 싶은 욕심을 주었습니다. (대상 21:1)

여기서 "일어났습니다."라는 말씀에는 법적인 의미가 있다. 이 말은 법정에서 피해자를 대신해서 검사가 가해자를 고소하는 의미를 담고 있다.

요한계시록에 사단은 밤낮으로 우리 형제를 고소한다고 말한다.

> 그 때, 나는 하늘에서 큰 음성을 들었습니다. 우리 하나님의 구원과 능력과 나라와 그리스도의 권세가 이제야 나타났다. 하나님 앞에서 밤낮으로

> 우리 형제들을 고소하던 자가 이제야 쫓겨났구나. (계 12:10)

욥기 1장 9-12절에 사단이 하나님께 고소하는 것을 볼 수 있다. 이 모든 구절은 깊은 의미를 가지고 있다. 하나님의 은혜로 이스라엘에 평화가 찾아오고 왕의 지위가 강해지고 있을 때, 바로 이 시점에 사단은 이들에 대한 고소를 시작한다. 사단은 이들이 가진 조건의 부당함을 하나님께 말하였으며 이들이 하나님의 징벌을 받아야 한다는 조건을 내세우기 시작하였다. 사무엘하의 표현에 분명하게 보인다.

> 여호와께서 또다시 이스라엘 백성에게 진노하셨습니다. 그래서 여호와께서는 다윗의 마음속에 이스라엘 백성의 수를 세려는 충동을 불어넣으셨습니다. 다윗이 말했습니다. "가서 이스라엘과 유다 백성의 수를 세어 보아라." (삼하 24:1)

이스라엘은 하나님의 축복을 부정하고 감사하지 않았다. 계속해서 다윗의 왕권을 빼앗고자 하였다. 평화와 번영이 이들을 하나님께로 더욱 가까이 한 것이 아니라 더욱더 거만하고 교만하게 하며 사치스럽게 하였다. 이 사건 전에 가뭄과 기근이 찾아 왔지만 하나님의 은혜로 3년의 시간을 잘 넘겼다. 하나님의 진노는 반드시 있어야 한다. 다윗은 압살롬의 반역의 죄를 너그럽게 용서하였다. 그러나 하나님의 생각은 달랐다. 결코 죄에 대한 대가를 그냥 넘어가지 않았다. 그래서 여호와께서 다시 진노하기 시작하였다. 이런 이유로 하나님께서 사단의 시험을 허락하였으며 다윗으로 하여금 죄를 범하게 하였다. 다윗은 자기 아들 압살롬의 죄를 무시했지만 하나님의 진노를 결코 피해가지 못했다. 이 일로 다윗을 심판하였다.

다윗의 기도를 보면 이스라엘 전체가 하나님의 뜻을 온전하게 따른 것이 아니다.

> 여호와여! 도와주소서. 진실한 사람들이 없습니다. 충성스런 사람들을 이 땅에서 찾아볼 수가 없습니다. (시 12:1)

사무엘하 23장6절에서 "벨리알의 아들들"(KJV)이 이스라엘 가운데 번성한 것을 알 수 있다. 이들은 전쟁에서 완벽한 승리를 경험하였다. 이들은 하나님을 무시하고 마음에 교만과 거만을 가졌다. 이런 교만은 직접적으로 이웃에게 영향을 미쳤을 것이며 하나님의 마음을 심하게 불편하게 했을 것이다. 우리가 자신의 교만과 거만함에 부풀어 있다면, 바로 이때 사단은 아주 쉽게 공격 할 수 있다. 하나님은 교만한 마음과 거만하게 들어 올린 목을 싫어한다. 하나님이 싫어하시는 것들 중 하나는 바로 "교만한 눈"이다. 교만한 눈은 모든 것을 무너트리며 사단에게 큰 기회를 준다. 예수는 마음에 온유함과 겸손함을 가르쳤다. 이것은 복된 가르침이다. 마지막 죄악은 다윗 왕에게 비극적인 결말을 가져왔다. 오랜 시간 하나님과 동행하며 이제는 인생의 마지막 길을 걸어가고 있는 왕에게 다가온 사단의 시험과 저주는 온 이스라엘을 불행하게 하였다. 이 교훈으로 얻게 되는 것은 하나다. 사단은 아무리 나이가 많고 경험이 많은 사람이라도 공격하며 흔든다는 것이다. 나이나 경험은 아무런 보장이 되지 못한다.

그리스도인이 세상 가운에서 살아가는 동안 사단은 마음속에 있는 부패를 자주 이용하고 공격한다. 그러므로 우리는 하나님의 전능한 손 아래서 보호를 받아야 한다.

> 그러므로 하나님의 전능하신 손아래 자신을 낮추십시오. 그러면 하나님께서는 때가 이를 때에 여러분을 높이실 것입니다. 모든 걱정과 근심을 하나님께 맡기십시오. 하나님께서 여러분을 돌보시고 계십니다. 마음을 강하게 하고 늘 주의하십시오. 원수 마귀가 배고파 으르렁거리는 사자처럼 먹이를 찾아 돌아다니고 있습니다. (벧전 5:6-8)

베드로전서 6,7절의 말씀을 영혼에 새겨야 한다. 그러면 8절의 일들이 일어나지 않는다. 세상을 살아가는 동안 하나님의 전신 갑주를 벗어서는 안 된다. 그리고 언제나 주의 깊게 행동하여 사단의 공격으로부터 자신을 보호해야 한다. 사단은 언제나 우리의 약점을 찾아내고 공격한다. 젊은 시절에는 육신의 정욕과 힘을 이기지 못해 죄를 저지르며 나이가 들면 교만한 마음이 가득차서 하나님을 불쾌하게 한다. 이렇기 때문에 항상 기도와 간구로 깨어 있어야 한다. 지위가 명예가 높아 갈수록 두 배로 조심해야 한다. 사단은 언제나 효과적으로 공격하며 그리스도인의 행동을 정확하게 파악하고 있다. 언제나 겸손한 마음으로 경계를 늦춰서는 안 된다.

14. 왕의 마지막 죄악

사무엘상 16-17장

다윗이 아침에 일어나기 전에 여호와께서 갓에게 말씀하셨습니다. 갓은 다윗의 예언자였습니다. 여호와께서 갓에게 말씀하셨습니다. "가서 다윗에게 전하여라. '여호와께서 이렇게 말씀하셨습니다. 내가 너에게 세 가지를 내놓겠다. 그 중에서 하나를 골라라.'" 갓이 다윗에게 가서 말했습니다. "이 세 가지 중에서 하나를 고르십시오. 왕과 왕의 땅에 칠 년 동안 가뭄이 드는 것이 좋겠습니까? 아니면 왕의 원수가 왕을 세 달 동안 뒤쫓는 것이 좋겠습니까? 그것도 아니면 왕의 나라에 삼 일 동안, 전염병이 도는 것이 좋겠습니까? 잘 생각해 보고 저를 보내신 여호와께 대답할 말씀을 정해 주십시오." 다윗이 갓에게 말했습니다. "정말로 큰일났구려. 하지만 여호와께서는 매우 자비로우신 분이오. 그러므로 여호와께서 주시는 벌을 받는 편이 낫겠소. 사람들 손에 벌을 받는 것은 싫소." 그리하여 여호와께서는 그 날 아침부터 전염병을 삼 일 동안 이스라엘에 돌게 하셨습니다. 단에서 브엘세바까지 칠만 명이나 되는 사람이 죽었습니다. 전염병을 퍼뜨리고 다니던 천사가 팔을 들어 예루살렘을 가리키며 치려 하는 순간, 여호와께서 이스라엘에 재앙을 내리셨던 마음을 바꾸셨습니다. 여호와께서 백성들에게 벌을 주고 있는 천사에게 말씀하셨습니다. "이젠 되었도다. 그만 팔을 거두어라." 그 때, 주님의 천사는 여부스 사람 아라우나의 타작 마당 곁에 서 있었습니다. 다윗이, 백성들을 친 천사를 보고 여호와께 말씀드렸습니다. "제가 죄를 지었습니다. 제가 잘못했습니다. 하지만 이 백성들은 양처럼 저를 따르기만 했습니다. 그들은 아무 잘못이 없습니다. 저와 제 아버지의 집안에만 벌을 주십시오." 그 날, 갓이 다윗에게 와서 말했습니다. "가서 여호와를 위하여 여부스 사람 아라우나의 타작 마당에 제단을 쌓으십시오."

사무엘하 24장 왕의 마지막 죄악

✿

다윗의 백성 계수 사건을 정확하게 이해하기 위해서는 사무엘하 24장과 역대상 21장을 함께 보아야 한다. 이 두 말씀을 주의 깊게 보는 것은 하나님이 허락하신 유익함을 얻기 위함이다. 믿지 않는 자들은 이 두 장의 말씀이 서로 다르며 서로 상반되는 주장을 하고 있다고 한다. 그러나 이 말씀들은 완벽하게 서로를 보충하여 설명한다. 이것을 좀 더 다양한 방법으로 이 말씀을 이해해야 한다. 사단은 이 두 구절이 서로 다르다는 것을 이용하고자 했지만 이것으로 인해서 그리스도인들은 좀 더 주의와 집중을 가지고 이해하게 되었다. 역대상 21장은 다윗이 어리석게 행동한 결과와 그 결과를 제공한 원인사이에 존재하는 도덕적인 이해를 제공한다. 역대상 21장의 첫 구절은, 한글 성경에는 번역이 되지 않았지만, "그리고" 라는 접속사로 시작한다. 이 접속사는 앞 문장과 뒷 문장을 서로 보게 한다. 역대상 20장의 마지막과 사무엘하 24장의 첫 시작은 완전하게 다른 상황을 말한다.

이 블레셋 사람들은 가드에 살던 거인족의 자손입니다. 다윗과 그의 부하들이 그들을 죽였습니다. (대상 20:8)

이 말씀은 다윗과 그의 장군이 이루어낸 큰 승리이다. 이 일이 있은 이후에 이렇게 말하고 있다.

사탄이 이스라엘을 괴롭히려고 일어났습니다. 사탄이 다윗의 마음속에 이스라엘 백성의 수를 세어 보고 싶은 욕심을 주었습니다. (대상 21:1)

20장과 21장을 본다면 이미 다윗 왕은 전쟁의 승리로 인해 한 것 자만심에 부풀어 있었다. 이 자만심이 사단으로 하여금 공격의 원인을 제공했다. 교만한 자들은 반드시 사단의 공격을 받게 되며 넘어지게 되어 있다. 영원한 안식처와 도움이 되는 곳은 오직 하나님뿐이다. 또한 하나님 앞에 내가 아무것도 아니라는 사실을 알아야 한다. 내가 언제나 길거리에 먼지와 같다는 사실을 인정하는 것은 사단의 공격에서 안식을 얻는 유일한 방법이다. 어리석은 사람은 "다윗의 인구 계수가 그렇게 큰 죄인가?" 하는 질문을 한다. 그러나 다윗의 교만함이 여기에 있다. 그는 전쟁에서 승리한 이후에 자신의 힘이 얼마나 되는 가를 알기 위해서 온 백성의 숫자를 계수했다. 온 세상에 다윗의 이름을 높이고 자신의 힘이 얼마나 큰가를 보이는 행동은 하나님의 존재를 망각하며 하나님을 불쾌하게 한다. 다윗의 힘이 되는 군사의 수가 공식적으로 집계되어 발표된다는 것은 주변 나라에 큰 공포가 된다. 만약 다윗이 진정으로 이러한 의도로 일을 했다면 이것은 불필요한 일이며 왕 답지 못한 행동이자 하나님을 조롱하는 행동이다.

하나님에게 원수를 두렵게 하는 일은 쉬운 일이다. 군사들의 숫자는 아무런 의미가 없다. 만약 다윗 왕이 자신이 가진 군사와 무기의 숫자를 가지고 자랑한다면, 그동안 모든 것을 허락한 하나님의 영광은 어떻게 되는가? 다윗 왕의 성공은 하나님께서 허락한 일이다. 역대상 21장을 통해서 얻게 되는 가르침은 사단이 도구가 되었다는 사실이다. 다윗으로 하여금 어리석은 행동을 하는데 사단의 역할이 있었다. 이 말의 의미는 다윗의 죄악을 약하게 하거나 줄이는데 사용되지 않는다. 오히려 하나님이 다스리는 방식을 좀 더 잘 이해하게 한다. 하나님의 통치는 다스리는 자와 다스림을 받는 사람들 사이에 영향력을 가진다. 우리 몸 안에 모든 기관들이 서로 관계를 맺고 있어서 행복과 즐거움에 서로 함께 참여한다. 다스리는 자와 백성이 서로 영향력을 가지지 않는다면 죄를 짓는 일은 발생 할 수 없다. 백성의 죄악이 가득차면 하나님께서는 왕을 움직여 아주 잔인한 방법으로 다스리게 한다. 아니면 이들의 죄악으로 인해 하나님 앞에 큰 죄악을 저지르게 한다. 또한 통치하는 왕이 범죄를 저지르면 왕의 모든 권세가 하루아침에 땅으로 떨어진다. 이것이 하나님의 심판이 된다. 또한 백성들이 자신의 죄로 인해 고통을 당하게 함으로써 하나님의 심판을 대신한다. 이처럼 모든 죄의 발생은 서로의 책임 하에 존재한다. 그러므로 서로를 권면하여 죄를 짓는 일과 하나님의 형벌을 받는 일에서 피해야 한다. 죄를 상기시켜야 하며 회개하도록 권면해야 한다. 왕의 역할은 악에 대하여 단호하며 의를 강조하여 하나님의 법을 세우도록 해야 한다. 또한 백성들은 서로의 유익과 평화를 위해서 일해야 한다. 쉬지 않고 왕을 위해 기도해야 하며, 간구해야 한다.

이러한 원리 원칙은 많은 부분에서 다양하게 적용된다. 다윗은 사단의 시험을 당하게 되었다. 모든 것이 하나님의 허락함이다. 먼저 왕의 백성들이 하나님을 조롱하였기에 하나님의 마음은 징계를 결정하였다. 이와 동일하게 교회 안에서 구성원의 죄악이 지도자를 넘어트리는 경우도 있다. 지도자를 꺾어 놓으심으로 그들의 교만한 마음을 무너트리며 사단으로 하여금 시험하도록 한다. 하나님은 아무런 이유 없이 죄가 없는 사람을 시험하지 않는다. 이미 다윗의 마음에는 교만함이 가득하였고 이것이 사단에게 원인을 제공하였다.

> 다윗 왕이 군대 지휘관인 요압에게 말했습니다. "이스라엘의 모든 지파 사이를 두루 다니시오. 단에서 브엘세바까지 다니면서 백성의 수를 세시오. 그래서 그 수가 얼마나 되는지 나에게 알려 주시오." 그러나 요압이 왕에게 말했습니다. "왕의 하나님 여호와께서 왕에게 백 배나 더 많은 백성을 주시기 바랍니다. 그리고 그런 일이 일어날 때까지 왕께서 살아 계시기를 바랍니다. 하지만 왕께서는 어찌하여 이런 일을 하려 하십니까?" (삼하 24:2,3)

요압이 이번 일에 대해서 이렇게 반대하는 것은 이상한 일이다. 그는 언제나 육신의 정욕에 속한 사람이며 불신자를 대표하는 인물로 그려진다. 그의 삶을 자세히 본다면 저자의 말에 동의할 것이다. 그러나 이번 경우는 달랐다. 이번 일로 인해 하나님의 진노가 임할 것을 알았고 다윗 왕에게 진심으로 하나님의 뜻을 어기지 말기를 요구했다. 다윗이 하고자 했던 일이 요압의 반대를 만난 것은 극히 드문 경우이다. 그러나 요압의 반대는 왕의 겸손하지 못한 마음과 하나님께 죄악을 범하는 것을 보고 반대한 것이 아니다. 특별하게 인구 계수의 필요성을 느끼지 못한 것에 원인이 있다. 하나님께서 이스라엘 민족이 완전히 정착한 이후에 인구를 계수하라고 명한 경우는 없다. 또 군사적으로 인구를 계수할 하등의 이유 역시 없었다. 요압은 다윗이 지혜로울 것을 요구하였다. 하나님의 통치를 벗어나 사단의 지배를 받는 세상 사람들이 훨씬 지혜롭다. 성경은 자주 이런 사람에 대해서 말하고 있다.

요압은 알고 있었다. 다윗 왕의 인구 계수가 하나님의 진노와 분노를 가져온다는 것을 알았다. 세상 지식으로 대표되는 요압 장군은 이러한 행동이 하나님의 진노와 심판을 부른다는 사실을 알았다. 여기서 큰 교훈을 얻는다. 우리가 빛을 볼 수 있는 것은 하나님이 빛이기 때문이다. 그러나 하나님을 떠나면 어두움이 찾아오며, 빛을 더 이상 볼 수 없다. 예수께서 이렇게 말하셨다.

> 그러나 네 눈이 나쁘면, 온몸이 어두울 것이다. 그러므로 네 안에 있는 빛이 어두우면, 그 어두움이 얼마나 심하겠느냐? (마 6:23)

하나님과의 충분한 교제가 없는 그리스도인은 잦은 실수를 하게 된다. 이러한 모습은 불신자가 보아도, 어리석다고 할 것이다. 하나님과 동행하는 길을 버린다면, 당연히 어리석어지고, 큰 죄악 가운데 빠져들 것이다.

이제 하나님의 눈으로 요압 장군의 반대를 살펴보아야 한다. 만약 다윗이 언제나 하나님 앞에 깨어 있다면 사단의 시험과 함정에 빠지지 않았을 것이다. 이렇게 다윗 왕이 죄를 짓고 하나님의 뜻을 거슬렀지만 하나님은 왕을 버리지 않았다. 그가 죄의 정욕에 따라 살지 않도록 하였다. 하나님께서 다윗의 죄 된 행동을 방해하는 장애물을 두셨다. 그것은 요압 장군과는 다른 형태로 놓아두었다. 요압은 왕이 어리석은 행동을 하지 않도록 경고 하였고 왕으로 하여금 이 일에 변명하지 못하게 했다. 바로 여기서 하나님의 주권적인 역사를 알 수 있다. 빌라도는 예수에게 사형을 선고하였다. 그러나 그의 아내로 인해 실제적인 행동을 하지 못하였다. 바로 하나님이 아내를 통해 역사한 것이다. 이와 동일하게 하나님은 왕을 어리석게 만들어서 타락해 가는 이스라엘을 책망하고자 했다. 요압이 바로 하나님의 쓰임을 받았다. 다윗 왕은 요압을 통해서 비난을 받게 되었다.

하나님께서 먼저 사단으로 하여금 왕을 시험하게 하였으며, 육신의 사람 요압 장군을 통해서는 그 일을 막고자 했다. 왕이 요압의 이러한 주장을 무시하자 그의 죄가 더욱더 커졌다. 4절에 보면 요압 장군은 혼자가 아니었다. 그에게는 군대 장군들이 함께 하였다. 만약 우리가 멸망의 길을 걸어가고 있다면 세상 사람들이 이 모습을 보고 경고 할 것이다. 이때 자신을 돌아보아야 한다. 우리가 죄악을 계획하고 어리석은 행동을 할 때 하나님의 거룩한 은혜는 커다란 장애물을 우리 앞에 놓는다. 심지어는 믿지 않는 자들을 통해서도 경고한다. 이때 바로 멈추고 죄의 절박함에서 벗어나야 한다.

그러나 요압을 비롯한 다른 지휘관들은 왕의 명령을 계속 따르지 않을 수 없음을 깨닫고 이스라엘 백성의 수를 세러 나갔습니다. (삼하 24:4)

이 말씀은 다윗으로 하여금 변명하지 못하게 한다. 요압은 왕이 자신의 육신의 정욕과 욕심을 이루기 위해 이 일을 계획한 것을 알았다. 그래서 혼자서 막고자 했지만 실패하였다. 이에 자기의 동료들을 모아서 함께 막고자 했지만, 왕의 의지가 너무 강했다. 이제 다윗은 자신이 모든 책임을 져야 했다. 우리가 하나님을 뜻을 거절하고 방해 할 때 하나님은 반대하는 자들을 일으켜 세운다. 이들을 통해서 우리의 죄악을 막고자 한다. 얼마나 큰 하나님의 은혜인가! 그러나 마음의 교만함과 남의 말을 듣지 않는 죄악의 습관이 얼마나 분노하게 하는가! 인생의 길을 돌아보면 매 순간 하나님께서 주는 경고를 들을 수 있다.

하나님이 인생 앞길에 뿌려 놓은 여러 가지 장애물들을 본다면 인생의 큰 시험을 피해 갈 수 있다. 이 장애물은 내 친구가 말하는 충고일 수도 있다. 성도가 언제나 기도로 모든 문제를 해결 할 수 없다. 그러나 자주 기도로 앞길의 장애물을 확인하는 것이 중요하다. 만약 우리의 고집을 따라서 이 길을 걸어간다면 수없이 많은 상처와 고통을 입는 것은 당연한 일이다. 다윗 왕이 요압과 그 신하들의 충고를 들었다면 수많은 이스라엘 백성이 살았을 것이다. 요압은 왕의 명령을 억지로 수행하였다. 얼마나 싫어했는지 이렇게 말한다.

그러나 요압은 다윗 왕의 명령을 못마땅하게 여겨 레위 지파와 베냐민

지파의 수는 계산하지 않았습니다. (대상 21:6)

요압은 왕의 이 일을 미워했지만 거절하지 못했다. 바로 하나님이 하시는 일이기 때문이다. 요압 역시 다윗 왕의 죄악에 대한 심판을 피할 수는 없다. 요압 역시 거절하지 못하고 이 일에 참여했기 때문이다.

요압은 블레셋 지역에서부터 인구 계수를 시작한다. 어떤 이유인지는 몰라도, 이 일을 마치는데 많은 시간이 소요 되었다. 아마도 시간이 지체되면 그동안 왕이 자신의 어리석음을 알지 않을까 하는 바람도 있었을 것이다. 인구조사는 요단 동편에서 시작하여 가나안 북편과 요단의 서편 지역을 끝으로 하였다. 레위와 베냐민 사람을 제외한, 전쟁을 할 수 있는 장년을 계수 했다. 레위인들은 하나님께 제사를 드리는 일을 맡기에 제외 하였고, 베냐민 족속은 언제든지 배신 할 수 있기에 제외하였다. 그러나 이 계수의 시간에는 10개월이라는 시간이 소요되었다. 하나님께서 얼마나 오랫동안 우리의 회개를 기다리는지 알 수 있다. 또한 인내하는 하나님 앞에서 회개를 거부하는 죄인들의 죄가 얼마나 큰지 알 수 있다.

그들은 구 개월 이십 일 만에 모든 땅을 두루 다니고 예루살렘으로 돌아왔습니다. 요압이 백성들의 수를 왕에게 말했습니다. 이스라엘에는 칼을 쓸 수 있는 사람이 모두 팔십만 명이었고, 유다에는 오십만 명이 있었습니다. (삼하 24:8,9)

이 구절은 역대상 21장 5절의 말씀과는 숫자적인 차이가 있다. 성경의 무오성을 거부하는 자들은 이것을 결정적인 증거로 삼고자 한다.

그러나 이 두 말씀은 대조를 이루는 것이 아니라, 서로 보충하는 역할을 한다. 사무엘하에서는 칼을 쓸 수 있는 담대한 사람이 팔십만 명이라고 한다.

그러나 역대상에서는 칼을 빼는 자가 백십만 명이라고 한다. 이렇듯이 역대상에는 칼을 담대하게 빼는 자 외의 인원이 포함되어 있다. 역대상에서는 칼을 뽑을 만한 사람이 사십칠만 명이라고 하고 있다. 그러나 사무엘하 24장에서는 유다의 인구가 오십만 명이라고 한다. 약 삼만 명의 사람들이 칼을 사용하지 못했다. 이것을 연구하면, 히브리 사람들이 애굽에 있을 때보다 인구가 늘어나지 못한 것을 알 수 있다. 그러나 이 인구 조사를 통해서 이렇게 좁은 땅에서도 오십만 명이 살 수 있다는 것은 놀라운 일이었다. 그만큼 땅이 비옥하며 풍부했다는 증거이다. 가나안 땅은 약속의 땅이며 젖과 꿀이 흐르는 곳이었다. 요압의 인구 계수의 숫자가 다윗 왕의 마음을 흡족하게 했는지 알 수는 없다. 그러나 기대만큼 이스라엘이 번성하지 못하였다. 우리가 세상을 살면서 마음을 두는 일마다 이루어지지 않는다. 그러나 이루어지지 않는 일로 인한 낙담은 하늘의 것을 바라보게 한다. 이러한 절망과 낙담을 통해서 세상을 향한 만족을 버리고 우리의 영혼의 만족이 있는 하나님 나라를 바라보게 한다. 불행한 사실은 우리가 이 사실을 배우는 일에 매우 느리다는 점이다.

15. 왕의 지혜로운 결정

삼하 24:19-25

그래서 다윗은 갓을 통해 여호와께서 명령하신 대로 했습니다. 다윗은 여호와의 명령을 따라 아라우나를 만나러 갔습니다. 아라우나가 보니, 왕이 신하들과 함께 자기에게 오고 있었습니다. 그래서 아라우나는 밖으로 나가서 얼굴을 땅에 대고 절을 했습니다. 그리고 이렇게 물었습니다. "어쩐 일로 내 주 왕께서 저에게 오십니까?" 다윗이 대답했습니다. "그대에게서 이 타작 마당을 사려고 왔소. 그래서 여호와께 제단을 쌓고 싶소. 그러면 백성들에게 닥친 이 재앙도 그칠 것이오." 아라우나가 다윗에게 말했습니다. "내 주 왕이시여, 어디든지 마음에 드시는 곳에서 제물을 바치십시오. 온전한 번제를 드릴 소도 여기에 몇 마리 있습니다. 또 땔감으로 쓸 타작판과 소의 멍에도 있습니다. 왕이시여, 아리우나가 이 모든 것을 왕께 드립니다." 아라우나가 또 말했습니다. "왕의 하나님 여호와께서 왕의 제물을 기쁘게 받아 주시기를 바랍니다." 그러나 왕은 아라우나에게 이렇게 대답했습니다. "안 되오. 돈을 주고 이 땅을 사겠소. 내 하나님 여호와께 거저 얻은 것으로 태워 드리는 제사인 번제를 드릴 수는 없소." 그리하여 다윗은 타작 마당과 소를 은 오십 세겔을 주고 샀습니다. 그리고 나서 다윗은 온전한 번제와 화목제를 드렸습니다. 그러자 여호와께서 나라를 위한 다윗의 기도를 들어 주셔서 이스라엘에 내렸던 재앙을 멈추셨습니다.

왕의 지혜로운 결정

사무엘하 24장

✿

그리스도인의 인생에는 항상 두 가지 사실, 육신의 삶과 영적인 삶이 갈등을 일으킨다. 일반적으로 육신의 삶은 악과 죄의 정욕을 채우며 어리석은 일을 하게 한다. 그러나 영적인 삶은 거룩한 일을 이루며 진실 된 일을 성취하게 한다. 내안에 존재하는 죄악을 없애기 위해서는 반드시 하나님과 교제하는 삶을 살아야 한다. 하나님과의 영적인 삶을 통해서 내안에 있는 죄악을 발견하고 죄 아래 있는 것이 가치 없는 삶이라는 것을 인정해야 한다. 하나님과의 교제가 끊어지는 순간 거룩한 삶을 떠나게 되고 영적인 지혜를 얻지 못한다. 이때 영적인 생각을 버리고 육적인 생각과 죄의 판단을 따르며 세상의 상식이 기준이 된다. 바로 다윗이 이런 경우에 속한다. 먼저 자신이 이루어 놓은 세력과 영토의 광대함, 성공에 빠져 들었다. 하나님을 생각하지 않고 이 모든 것이 자신의 힘으로 이루어 놓은 것처럼 생각했다. 이러한 교만은 왕으로 하여금 하나님의 허락도 없이 인구 조사를 하는 죄악에 빠지게 했다.

더욱 큰 죄는 부하들의 거듭되는 거절에도 왕은 강행했다. 이러한 인구 조사는 출애굽기 30장 12절의 원칙을 지켜야 하며 하나님이 원하는 속전을 드려야 한다.

> "너는 이스라엘 백성의 수를 세어라. 그 때에 모든 사람이 자기 목숨을 내신한 값늘 여호와께 바치게 하여라. 그래야 백성의 수를 셀 때, 그들에게 재앙이 일어나지 않을 것이다." (출 30:12)

다윗처럼 위대한 왕의 죄악과 불신앙을 살펴보는 것은 힘든 일이다. 그러나 우리는 왕의 실수를 통해서 교훈을 배워야 한다. 죄를 향한 하나님의 엄중한 경고를 기억해야 하며 하나님 앞에 어떻게 해야 할 지 결정해야 한다. 이것은 분명 유익된 일이다. 왕과 동일한 죄악의 본성이 우리 가운데 있으며 이런 죄악에서 자유하게 되는 길은 간단하다. 교만함을 인정히고 겸손한 마음을 가져야 하며 자신을 신뢰하는 마음을 버려야 한다. 먼저 내 안에 있는 죄의 본성을 미워하고 저주하며 언제나 하나님의 통치와 은혜를 구해야 한다. 이것이 악에서 자신을 지키는 방법이다. 이러한 가르침을 통해서 하나님에 대한 올바른 믿음을 갖게 된다. 영적인 성장을 위해서는 하나님의 말씀을 매일 묵상해야 한다. 묵상하는 것은 항상 주의 말씀을 영혼 가운데 새기며 언제나 기억하고 그대로 행동하는 일이다. 하나님의 거룩한 선택을 입은 왕 역시 넘어졌다. 동일하게 우리도 역시 넘어질 수 있다. 중생의 은혜를 받은 이후 언제든지 죄의 유혹에 빠질 수 있으며 어느 누구도 자유롭지 못하다. 이제 알아야 할 것은 다윗이 죄악 가운데서 회복한 사건이다.

왕은 하나님 앞에서 지혜롭게 했다. 우리는 이 사건에서 많은 지혜와 교훈을 얻어야 한다. 어리석게 믿음의 길에서 떠난 그리스도인이 어떻게 해야 다시 하나님앞에 설 수 있는지 다윗은 보여 주고 있다. 타락한 그리스도인이 하나님과의 친밀한 교제로 다시 회복하는 첫 번째 방법은 무엇인가? 어리석음에서 벗어나 지혜롭게 되는 방법은 어떤 것인가? 우리가 하나님의 지혜를 가지고 있다면 이 두 가지 질문에 쉽게 대답 할 수 있다.

> 인구 조사가 다 끝나자, 다윗은 자기가 잘못했다는 생각이 들었습니다.
> (삼하 24:10)

죄의 유혹으로 미쳤던 자신을 다시 한 번 돌아보는 것은 중요한 일이다. 죄로 인해 죄책감을 가지고 자책하는 것은 하나님의 은혜가 임한 증거다. 죄를 자책하고 중압감을 가지는 것은 은혜로 거듭났다는 증거며 하나님께서 포기하지 않았다는 표시이다. 죄에 완전히 눈이 멀지 않았다는 은혜의 표시이다. 이제 시작되는 말씀을 통해서 왕이 죄 가운데에서 하나님과의 올바른 교제로 회복하는 첫 시작을 보고자 한다. "다윗은 자기가 잘못했다는 생각이 들었습니다." 이 생각이 죄에서 돌이키는 첫 단계이다. 자신이 저지른 범죄에 대해서 정확하고 세밀하게 판단하고 평가하지 않는다면 진정한 회개는 일어나지 않는다. 진심을 다해서 죄를 뉘우치는 일이 없다면 하나님의 용서 또한 허락되지 않는다. 회개의 근본적인 시작은 죄에 대한 자기 심판이다.

> 내 이름으로 일컫는 내 백성이 자기들이 한 일을 뉘우치고, 나에게 기도하

> 고, 내 말을 따르며, 악한 길에서 돌이키면, 내가 하늘에서 그들의 기도를 듣고, 그들의 죄를 용서해 주며, 그들의 땅을 고쳐 줄 것이다. (대하 7:14)

이렇게 겸손한 태도를 가지는 것이 첫 시작이며 회개는 이렇게 해야 한다. 죄악으로 인해 자신을 심판하고 정죄하며 악한 행동으로 인해 슬퍼하며 하나님의 거룩함에 서야 한다. 그래서 영혼에 어리석고 우둔한 것들을 쓸어버리고 정직하며 분별 있는 영혼으로 거듭나야 한다. 죄로 인해 뜨겁고 깊은 회개의 눈물을 흘려야 한다. 우리가 지혜의 길로 들어서는 것은 간단하다. 정직하며 겸손하게 진실 된 마음과 자세를 가지고 하나님 앞에 모든 죄악을 고백하는 일이다. 역대하 7장 14절에 "백성이 자기들이 한 일을 뉘우치고"라고 말한다. 먼저 회개하는 일이다. 뒤이어 "나에게 기도하고"의 말씀으로 이어진다. 지금 다윗 왕은 겸손한 마음으로 죄를 고백하고 하나님께 나오고 있다.

> 다윗이 여호와께 말씀드렸습니다. "제가 큰 죄를 지었습니다. 여호와여, 제발 저의 죄를 용서해 주십시오. 제가 너무나 바보 같은 일을 했습니다." (삼하 24:10)

왕은 죄를 범했다는 사실을 인정했고 죄악이 크다는 사실을 고백했다. 죄악에 빠져서 미쳐 살았던 그리스도인이 하나님과의 교제를 회복하기 위해서 해야 할 일은 고백이며 죄를 인정하는 일이다. 기억해야 할 것은 다윗이 죄를 고백함과 동시에 죄를 용서해 달라고 간구하고 있다. 이러한 기도 속에서 세 가지 중요한 사항을 발견한다. 첫째, 죄 용서를 위한 간구와 죄의 무게로 다가오는 고통과 양심을 짓누른 무게를 없애달라는 간청이다. 둘째, 죄로 오염된 영혼을 깨끗하게 해 달라는 요청이다. 거룩한 하나님 앞에서 더러운 영혼을 정결하게 해 달라는 요구이다. 셋째, 내가 저지른 범죄로 심판하지 말라는 간청이다. 이러한 간구가 응답되고 하나님의 용서가 완전하게 이루어지면 죄로 인한 형벌이 면책되고 죄의 더러움의 흔적이 없어진다. 그러나 세 번째 심판하지 말라는 요청이 언제든지 이루어지는 것은 아니다. 만약 그리스도인이 무거운 죄악을 짓고서 하나님의 이러한 형벌과 심판을 피할 것을 요구한다면 그래서 매번 심판이 지나쳐 간다면 하나님께서 죄를 가볍게 여긴다고 생각 할 것이다. 또한 하나님은 우리의 죄악에 관심 없다고 생각 할 수 있다. 죄악을 저지를 때 심판하는 것은 하나님의 의로움을 나타낸다. 세상을 심판하는 하나님께서 죄의 심판을 당하게 함으로, 하나님은 죄를 싫어하며 범죄하는 일에 찬성하지 않는 것을 나타낸다.

죄악 가운데 있는 그리스도인이 회개 후에도 하나님의 심판이 있다고 해서 좌절해서는 안 된다. 이와 동일한 사건이 다윗의 초기 시절에 나타난다. 우리아의 아내를 간음하고 우리아를 죽이는 사건이 일어나자 선지자가 죄를 지적하고 책망한다. 이 책망에 왕은 죄를 시인하고 고백한다. "내가 하나님께 죄를 지었습니다." 이 구절은 시편 51편과 연결되어 있다. 이 구절을 읽은 사람은 다윗 왕의 회개를 의심하지 않을 것이다.

> 오 하나님, 주의 한결같은 사랑으로 내게 자비를 베풀어 주소서. 나를 불쌍히 여겨 주셔서 내 모든 잘못을 없애 주소서. 내 모든 죄악들을 다 씻으시고 내 모든 죄들을 깨끗하게 해 주소서. 내가 저지른 잘못들을 알고

> 있으니, 내 죄가 항상 내 앞에 있습니다. 내가 주께 죄를 지어 주께서 보시기에 악한 짓을 했습니다. 그러므로 주께서 내게 뭐라고 하셔도 주의 말씀이 옳으며 주께서 내리신 판단이 바릅니다. 그렇습니다! 나는 태어날 때부터 죄투성이었습니다. 어머니가 나를 임신했을 때부터 나는 죄인이었습니다. (시 51:1–5)

이제 나단은 왕을 위로한다.

> 나단이 대답했습니다. "여호와께서는 왕의 죄를 용서하셨습니다. 왕은 죽지 않을 것입니다. 그러나 왕이 한 일 때문에 여호와의 원수들이 여호와를 경멸하고 모욕할 기회를 주었으니 왕에게서 태어난 아기는 죽게 될 것입니다." (삼하 12:13–14)

하나님은 죄의 면책과 동시에 심판을 행하였다. 중생의 은혜가 없었을 때에는 거듭 난 이후 죄인들의 죄의 책임을 면하여 주었다. 이러한 면책은 현재의 죄 뿐만 아니라 원죄로부터 오는 죄의 형벌을 없애준 것이다. 또한 더러운 죄의 구렁텅이에서 건져 주었다. 이들이 용서받은 것은 영적인 부분이다. 죄로 인해 망가진 몸과 외부적인 삶의 모습까지 회복시켜주지 않는다.

이 부분은 자신들이 책임져야 할 부분이다. 마찬가지로 우리아를 죽인 왕의 죄에 대한 심판 역시 동일하게 일어났다. 용서는 하였지만 하나님의 심판의 칼은 왕의 심장을 겨누고 있었고 오히려 세월동안 가시 역할을 하였다. 나단 선지자는 왕에게 하나님 말씀을 전했다.

> 여호와께서 갓에게 말씀하셨습니다. "가서 다윗에게 전하여라." 여호와께서 이렇게 말씀하셨습니다. "내가 너에게 세 가지를 내놓겠다. 그 중에서 하나를 골라라." 갓이 다윗에게 가서 말했습니다. "이 세 가지 중에서 하나를 고르십시오. 왕과 왕의 땅에 칠 년 동안 가뭄이 드는 것이 좋겠습니까? 아니면 왕의 원수가 왕을 세 달 동안 뒤쫓는 것이 좋겠습니까? 그것도 아니면 왕의 나라에 삼 일 동안, 전염병이 도는 것이 좋겠습니까? 잘 생각해 보고 저를 보내신 여호와께 대답할 말씀을 정해 주십시오." (삼하 24:12,13)

다윗의 기도가 하나님의 심판을 비켜가게 하지는 못했다. 이미 하나님의 진노가 이스라엘 가운데 있었으며 죄에 대한 심판이 다윗에게 임하여 있었다. 하나님의 심판이 하나님을 조롱한 왕과 나라에 떨어져야 했지만 하나님의 은혜는 왕으로 하여금 선택 할 수 있게 했다.

> 다윗이 갓에게 말했습니다. "정말로 큰일 났구려. 하지만 여호와께서는 매우 자비로우신 분이오. 그러므로 여호와께서 주시는 벌을 받는 편이 낫겠소. 사람들 손에 벌을 받는 것은 싫소." (삼하 24:14)

왕은 죄로 인해 심판을 받게 되었지만 그가 복된 왕이라는 증거는 확실하다. 선지자의 질책으로 감춰 두었던 죄가 세상에 드러났음에도 불구하고 마음을 나쁘게 하거나 불평하지 않았다. 하나님의 심판과 질책에 대한 왕의 겸손한 자세는 그의 회개와 고백이 진실하다는 증거이다.

여기서 교훈을 얻어야 한다. 우리에게 부족한 것이 하나님의 질책에 대한 겸손과 정직한 마음이다. 우리는 저지른 죄악과 불의함에 대해서 회개와 용서의 기도를 드려야 한다.

그러나 이것으로 인해 심판이 임하면 심하게 당황하며 불평한 마음을 드러낸다. 이것만으로 진정한 회개가 아니라는 증거가 될 수 있다. 이전에서 말했듯이 진정한 회개는 죄를 인정하고 하나님 편에 서서 죄를 바라보는 것이다. 자신이 죄인이라는 사실을 인정하고 하나님을 불쾌하게 한 사실로 슬퍼하며 죄악으로 인한 마땅한 심판을 받아야 한다고 인정하는 것이다. 진정한 회개는 하나님께서 우리를 혹독하게 심판하는 것이 옳다고 인정하는 일이다. 죄에 대한 우리의 고백이 진실 된 것인지 아닌지 아는 것은 쉽다. 죄로 인한 심판과 벌을 받으면서 마음속에 겸손한 마음을 가지든지 아니면 반항하고 원망하는 마음을 가지는지 이 두 가지로 분명한 차이가 생긴다.

바로의 경우가 이러하다.

> 파라오가 급히 모세와 아론을 불러서 말했습니다. "내가 너희 하나님인 여호와와 너희에게 죄를 지었다." (출 10:16)

죄를 고백하고 심판이 물러가면 바로 강퍅한 마음을 가졌다. 하나님께서는 왕의 범죄를 심판해야 했고 교훈을 주고자 했다. 은혜가 풍부한 하나님은 죄의 형벌을 선택할 시간을 주었다. 하나님이 왕에게 어떤 심판을 받을 것인지 결정할 때 다음과 같은 의도를 가지고 있었다. 첫째, 왕의 교만한 마음을 낮아지게 했다. 죄로 인해서 무서운 심판을 받게 된다는 사실이 교만한 마음을 낮추게 했다. 둘째, 왕의 거만하며 교만한 행동을 무너트리기 위해서다. 왕은 자신의 의지를 가지고 악을 행했지만 이제 자신이 심판의 종류를 결정해야 한다. 다윗은 자신이 위대한 왕이라고 생각 했고 무엇이든지 할 수 있다고 믿었다. 그러나 하나님의 심판 앞에서 하나를 선택해야 하는 상황이 되었다. 셋째, 선택한 벌을 잘 받게 하기 위해서 스스로 선택하게 하였다. 위의 세 가지 사항에 하나를 덧붙이면 다음과 같다. 네 번째 하나님께서 왕의 믿음을 시험하고자 했다. 또한 하나님을 향한 믿음을 다시 보기 위해서 재앙을 선택할 기회를 주었다.

> 다윗이 갓에게 말했습니다. "정말로 큰일났구려. 하지만 여호와께서는 매우 자비로우신 분이오. 그러므로 여호와께서 주시는 벌을 받는 편이 낫겠소. 사람들 손에 벌을 받는 것은 싫소." (삼하 24:14)

왕은 이제 제정신이 돌아 왔다. 그의 신중한 결정은 어리석은 죄인의 길에서 지혜로운 분별력이 있는 사람으로 돌아왔다는 증거다. 하나님은 자신의 존귀한 자들이 넘어지고 좌절에 빠져 있다 할지라도 다시금 회복 할 수 있는 기회를 준다.

다윗의 이번 사건을 통해서 알아야 할 것은 죄를 지었을 때 겸손하게 자신을 낮추고 교만하지 않으며 죄를 고백하는 이 모든 일들이 하나님을 영화롭게 하는 일이라는 것이다. 반대로 하나님이 우리를 영광스럽게 하는 일은 분별할 수 있는 능력을 허락한 것이다. 이 영적인 분별력으로 우리는 하나님의 긍휼함과 크신 사랑을 확신할 수 있다. 하나님은 언제나 놀라운 일을 한다. 다윗의 교만한 마음을 무너트릴 뿐만 아니라 그의 마음이 다시금 하나님을 향하게 했다. 왕으로 하여금 거룩한 회개를 하게하며 올바른 재앙을 선택하게 함으로 자신의 믿음을 사용하게 했다. 이러한 일이 일어나는 방식은 언제나 동일하다. 먼저 회개가 우선되어야 한다. 회개가 먼저 되어져야 참된 믿음의 능력이 나타난다. 거칠고 교만하며 완악한 마음이 회개 한다는 것은 불가능하다. 우리의 계속되는 악한 행동에는 회개하지 않는 악한 마음이 있다. 그러나 다윗 왕은 회개를 통해서 다시금 믿음을 사용할 기회를 얻었다.

이 구절은 다윗이 얼마나 하나님의 성품을 잘 기억하고 있는가를 나타낸다. "여호와께서 주시는 벌을 받는 편이 낫겠소. 사람들 손에 벌을 받는 것은 싫소." 만약에 우리가 하나님에게 심판과 징벌을 받을 지라도 하나님은 언제나 긍휼이 많으며 은혜로우며 아름답게 일 한다는 사실이다. 우리는 반드시 이런 하나님을 믿어야 한다. "나는 사람들 손에 벌을 받는 것은 싫소." 다윗 왕은 어린 시절부터 사람의 죄악을 보아왔다. 사람에게 벌을 받느니 자비가 풍부한 하나님께 벌을 받는 것을 선택했다. 형제들은 언제나 왕을 시기했고 잔인할 정도로 비핀하였다. 엘리압은 다윗에게 화를 내며 말했습니다.

> 넌 여기에 왜 왔니? 들에 있는 네 양들은 누구에게 맡겨 놓았니? 건방지고 잘난 체하는 아이야, 넌 지금 아무짝에도 쓸모없는 짓을 하고 있어. 넌 지금 전쟁 구경을 하려고 여기에 온 거야. (삼상 17:28)

사울 왕은 다윗의 친절한 행동을 악으로 갚았다. 오랜 시간 사울과 그의 가족은 다윗의 목숨을 사냥해 왔다. 얼마나 절망스러운 일인가! 이처럼 왕은 사람의 손에 빠지는 것보다 하나님에게 징벌을 받는 것이 복된 일임을 알았다.

16. 왕의 중보기도

삼하 24:14-17

다윗이 갓에게 말했습니다. "정말로 큰일났구려. 하지만 여호와께서는 매우 자비로우신 분이오. 그러므로 여호와께서 주시는 벌을 받는 편이 낫겠소. 사람들 손에 벌을 받는 것은 싫소." 그리하여 여호와께서는 그 날 아침부터 전염병을 삼 일 동안 이스라엘에 돌게 하셨습니다. 단에서 브엘세바까지 칠만 명이나 되는 사람이 죽었습니다. 전염병을 퍼뜨리고 다니던 천사가 팔을 들어 예루살렘을 가리키며 치려 하는 순간, 여호와께서 이스라엘에 재앙을 내리셨던 마음을 바꾸셨습니다. 여호와께서 백성들에게 벌을 주고 있는 천사에게 말씀하셨습니다. "이젠 되었도다. 그만 팔을 거두어라." 그 때, 주님의 천사는 여부스 사람 아라우나의 타작 마당 곁에 서 있었습니다. 다윗이, 백성들을 친 천사를 보고 여호와께 말씀드렸습니다. "제가 죄를 지었습니다. 제가 잘못했습니다. 하지만 이 백성들은 양처럼 저를 따르기만 했습니다. 그들은 아무 잘못이 없습니다. 저와 제 아버지의 집안에만 벌을 주십시오."

왕의 중보 기도

사무엘하 24장

✿

사무엘하 24장은 다윗의 다양한 성격을 드러내고 있으며, 이것을 살펴보는 일은 흥미롭고 영적인 교훈을 준다. 첫째, 다윗은 그동안 전쟁터에서 이루어 놓은 승리와 온 이스라엘의 왕이 된 사건을 통해서 거만하고 교만한 왕의 모습을 가지게 되었다. 둘째, 사단의 시험을 받고 있는 다윗의 모습이다.

> 사탄이 이스라엘을 괴롭히려고 일어났습니다. 사탄이 다윗의 마음속에 이스라엘 백성의 수를 세어 보고 싶은 욕심을 주었습니다. (대상 21:1)

셋째, 자신의 자만과 교만에 속아 하나님의 명령을 무시하고 인구조사를 실시하는 다윗의 모습이다. 넷째, 요압 장군의 강력한 거절에도 불구하고 인구조사를 강행하는 고집으로 가득한 다윗의 모습이다.

> 요압이 대답했습니다. "여호와께서는 왕에게 백배나 더 많은 백성을 주

시기 원하십니다. 내 주 왕이시여, 모든 이스라엘 백성이 다 왕의 종이 아닙니까? 그런데 어찌하여 이런 일을 하려 하십니까?" 그래도 다윗 왕은 요압에게 명령대로 하라고 했습니다. (대상 21:3-4)

다윗은 이렇게 초기와는 다르게, 고집스럽고 교만하며 지나칠 정도로 자만하는 성격으로 변해갔다. 처음에는 자신의 교만과 오만으로 하나님의 명령을 무시하기 시작했다. 사단은 이 기회를 놓치지 않고 다윗의 생각과 영혼을 지배하기 시작했고, 이후 하나님이 요압을 사용하여 다윗의 죄악을 막고자 했지만, 그의 고집과 아집이 다윗의 죄를 더욱 크게 하였다. 다섯째, 자신의 죄를 깨닫고 하나님 앞에서 울며, 통곡하며 깊은 회개를 드리는 다윗의 처절한 회개의 모습이다.

다윗이 하나님께 말했습니다. "제가 큰 죄를 지었습니다. 제발 저의 죄를 용서해 주십시오. 제가 너무나 어리석은 일을 했습니다." (대상 21:10)

여섯째, 하나님의 심판 이후, 하나님 앞에 철저하게 순종하는 모습이다. 선지자 갓이 하나님의 명령을 말하였을 때, 다윗은 교만하게 행동하지 않았다. 불순종과 불평, 원망, 의심을 버리고 하나님의 명령에 순종했다. 일곱째, 오랜 경험을 통해서 사람의 손에 심판을 당하는 것보다 하나님의 심판을 겪는 것이 낫다고 생각했다. 이것은 다윗이 가진 신중함과 분별력이다. 여덟째, 자신의 죄악으로 인해 무죄한 백성이 심판당하는 모습을 보고 있는 다윗이다.

여호와께서 이스라엘에 무서운 병을 내리사 칠만 명이나 되는 사람이 죽었습니다. (대상 21:14)

아홉째, 하나님 앞에 백성과 자신을 위해서 기도를 드리는 모습이다. 비록 다윗의 죄악으로 백성에게 진노가 임했지만, 하나님은 자신의 섭리와 목적을 위해서 다윗을 살려주었다.

> 다윗은 그 곳에서 여호와께 제단을 쌓고 태워 드리는 제사인 번제와 화목제를 드렸습니다. 다윗이 여호와의 이름을 부르자 여호와께서는 하늘로부터 번제물을 바치는 제단 위로 불을 내리사 그의 기도에 응답해 주셨습니다. (대상 21:26)

이런 순서를 통해서 다윗의 죄악과 하나님의 진노, 심판과 회복을 이해하지 않는다면, 지금 다루는 '왕의 중보 기도' 라는 제목을 자세히 이해하기 힘들 것이다. 현재의 교회를 한마디로 말하면 기도하지 않는 사람들의 모임이라고 할 수 있다. 현대 그리스도인들은 자신들이 기도하지 않을 뿐더러 다른 사람들의 기도도 방해하고 있다. 또한 개인적인 기도가 없어지므로 이웃과 형제, 교회를 위한 중보기도가 사라지고 있다. 중보기도는 하나님 앞에서 가장 효력 있는 기도의 능력이다. 먼저 우리는 다윗과 같은 애절함과 애통함을 가지고 있지 않다. 다윗은 죄를 범하였지만, 그 안에 하나님을 향한 애통함과 비통함을 가지고 있었다. 죄를 통해서 자신과 이스라엘 백성을 향해서 가지는 다윗의 간절하고 애통하며 비참한 마음이 다윗을 중보 기도의 사람으로 만들었다. 이처럼 죄 가운데 있는 우리도 다윗처럼 죄에 대한 비통한 마음이 없다면, 하나님을 향해 간절한 중보기도를 드릴 수 없다.

> 만일 내 마음속에 죄를 품고 있었다면, 주는 내 소리를 듣지 않으셨을 것입니다. (시 66:18)

다윗이 보여주고 있는 백성을 향한 중보 기도를 배우기 위해서는, 기도 이전에 무엇을 해야 하는지 분명하게 아는 것이 필요하다. 첫째, 현재의 인생 가운데서 하나님의 마음을 불편하게 하는 일이 무엇인지 자세히 살펴야 한다. 항상 현재의 삶속에서 자신의 죄악을 살피고 기억해야 한다. 둘째, 하나님이 가지고 있는 선한 성품을 믿고 의지해야 한다. 그래서 자신의 모든 것을 하나님의 거룩한 성품에 맡겨야 한다. 셋째, 간절한 기도와 간구로 하나님의 긍휼한 마음을 움직이는 것이다.

> 전염병을 퍼뜨리고 다니던 천사가 팔을 들어 예루살렘을 가리키며 치려 하는 순간, 여호와께서 이스라엘에 재앙을 내리셨던 마음을 바꾸셨습니다. 여호와께서 백성들에게 벌을 주고 있는 천사에게 말씀하셨습니다. "이젠 되었도다. 그만 팔을 거두어라." 그 때, 주님의 천사는 여부스 사람 아라우나의 타작 마당 곁에 서 있었습니다. (삼하 24:16)

여기서 볼 것은 죄악에 대한 하나님의 심판이다. 분명 다윗은 죄를 저질렀고 하나님의 용서를 구했다. 그러나 죄에 대한 심판은 반드시 있다. 이것을 통해서 죄를 대하는 다윗의 자세가 변해야 한다.

혹 사람들은 '왜, 다윗의 범죄에 대한 심판에 백성들이 희생되어야 하는가?' 하고 의문이 들 때가 있다. 그러나 이번 다윗의 죄는 개인적인 것이 아니라, 공적인 성격이 크다. 다윗은 교만한 마음으로 온 이스라엘 백성의 수를 확인했다. 지금 그가 의지하고 있는 것은 사람의 숫자이다. 그래서 하나님은 온역을 통해서 다윗이 의지하고 있는 백성의 수를 칠만이나 줄여버렸다. 하나님은 심판의 칼을 들어서 다윗이 의지한 숫자를 의미 없게 만들었다. 지금 하나님의 심판의 목적은 다윗의 교만이다. 하나님은 지금 우리가 의지하고 섬기려고 하는 우상이 있다면, 먼저 그것을 철저하게 없애 버린다. 또한 내가 아주 자랑스럽게 생각하고 아끼는 것이 있다면, 하나님은 그것을 아주 쓸모없는 쓰레기로 만들어 버린다. 이 말씀에서 주목해야 할 것은 하나님의 심판이 즉시 임한 일이다. 심판이 바로 임한 경우는 단 한 가지 경우이다. 바로 하나님이 그 대상을 원수로 생각할 때이다. 다윗의 범죄로 인해 하나님은 이스라엘을 원수로 생각하였다. 온역이 이스라엘을 덮고 있을 때, 이 때가 가장 두려운 시간이었을 것이다. 하나님의 천사를 막을 방법이 없었다. 심판의 천사는 온 땅을 다니며 사람들을 죽음으로 초대하고 있었다. 아무리 뛰어난 의료기술을 가지고 있을지라도 이 잔인한 심판을 막을 수 없다. 오늘 이웃의 집에서 통곡의 소리가 들리면 내일은 내 집에서 가장 슬픈 소리가 날 것이다. 사람들에게는 아무런 방법이 없었다. 하나님이 심판을 행하고 있을 때, 그 어느 누구도 막을 수가 없다. 동일한 방법으로 하나님은 이스라엘의 적을 쓸어버렸다. 적이 아무리 강하더라도 하나님을 막을 수 없었다. 성이 아무리 높아도 하나님의 소리에 무너졌다. 하나님의 진노는 어린 다윗으로 하여금 골리앗 장수를 한 번에 죽이도록 했다.

이제 하나님의 적이 된 이스라엘에게 하나님의 심판은 쉬지 않고 임했다. 어느 누가 이런 하나님의 능력에 불평할 수 있는가! 다윗은 하나님의 마음을 불편하게 했고, 스스로 심판을 불렀다. 하나님 앞에 온 이스라엘 백성은 무능력해졌으며, 심판대 위의 사형수가 되었다. 지금 이들을 살릴 수 있는 유일한 방법은 용서하며 긍휼을 베푸는 하나님의 은혜이다. 하나님의 심판은 교만하고 죄를 범하는 사람들에게 반드시 임한다.

> 만군의 여호와께서 그 날을 계획하셨다. 그 날이 오면 주께서 모든 거만한 사람과 거드름 피우는 사람을 심판하실 것이다. 그리하여 모든 교만한 사람들을 꺾어 놓으실 것이다. (사 2:12)

하나님은 우리의 교만과 불순종을 오래 참고 견디고 있다.

죄를 범하며 하나님을 조롱하는 자들은, 자신들이 하나님의 인내와 긍휼한 은혜에 대하여 얼마나 많은 빚을 지고 있는지 알지 못한다. 그러나 이것에는 반드시 한계가 있다. 하나님이 부리는 천사가 하루에 칠만을 죽일 수 있는 힘과 능력이 있다면, 하나님의 힘은 어떻겠는가! 하나님은 어리석은 우리들에게 이렇게 경고하고 있다.

> 내가 너를 처벌하는 날에 너에게 감히 견딜 수 있는 용기와 힘이 있겠는가? 나 여호와가 말하였으니 반드시 이룰 것이다. (겔 22:14)

> 그리하여 여호와께서는 그 날 아침부터 전염병을 삼 일 동안 이스라엘에 돌게 하셨습니다. (삼하 24:16)

이 구절에서 그날은 다윗이 자신의 범죄를 깨달은 후 부터라고 볼 수 있다. 불과 삼일 밖에 안 되는 시간에 칠만 이라는 사람이 죽음을 맞이했다. 비참하며 두려운 일이다. 요압 장군은 오랜 시간에 걸쳐서 인구를 조사 했지만, 하나님은 아주 짧은 시간에 심판을 하였다. 그러나 하나님의 자비는 삼일을 다 채우지 않았다. 만약 이 시간을 다 채웠으면 이스라엘에 오직 한 사람 다윗만이 남아 있을지도 모른다. 심판은 하나님의 마지막 방법이다. 오래 참고 인내하는 하나님에게 심판의 순간은 마지막에 이루어진다. 그럼 왜 하나님은 심판을 하는가? 우리의 죄는 하나님의 거룩함을 불쾌하게 만들며, 하나님의 의로움을 시험하기 때문이다. 하나님은 자신의 거룩함과 의로움을 죄로 인해서 손상 받지 않으며, 언제나 죄의 마지막은 거룩한 심판이다. 죄를 저지르는 사람은 반드시 심판을 기대해야 한다. 그러나 다윗이 드리는 거룩한 제사의 향기가 이제 하나님의 심판을 멈추게 했다.

> 전염병을 퍼뜨리고 다니던 천사가 팔을 들어 예루살렘을 가리키며 치려 하는 순간, 여호와께서 이스라엘에 재앙을 내리셨던 마음을 바꾸셨습니다. (삼하 24:16)

하나님의 진리를 우습게 여기는 적들은 이렇게 말 할 수 있다. "어떻게 너희 하나님의 마음이 이렇게 자주 바뀌는가?" 이런 식으로 하나님을 변덕쟁이로 만드는 경우가 있다. 이것은 하나님을 심하게 오해하고 있는 것이다. 하나님은 결코 변하지 않는다.

> 하나님은 사람이 아니시니, 거짓말을 하지 않으신다. 하나님은 인간이 아니시니, 마음을 바꾸지 않으신다. 하나님은 말씀하신 것은 이루시며, 약속하신 것은 지키신다. 하나님께서 나에게 저들을 축복하라고 말씀하셨으니, 내가 그것을 바꿀 수 없다. (민 23:19–20)

하나님이 변덕쟁이가 아니라, 그의 무한한 사랑이 죄인에게 긍휼의 은혜를 베푸는 것이다. 영적으로 분별력이 있는 사람은 이 사실을 분명하게 알 수 있다.

만약 이러한 하나님의 은혜와 속성에 대해서 이해하지 못한다면, 하나님의 은혜를 구해야 할 것이다. 계속적인 기도와 순종이 있다면 시간이 지날수록 성경의 말씀들이 이해 될 것이다. 여기서 하나님의 마음을 바꾸게 한 것은 다윗의 믿음의 행동이었다. 그는 10절에서 보는 것과 같이 겸손하게 마음을 낮추고 모든 죄악을 하나님께 고백했다. "다윗은 자기가 잘못했다는 생각이 들었습니다. 다윗이 여호와께 말씀드렸습니다. 제가 큰 죄를 지었습니다. 여호와여, 제발 저의 죄를 용서해 주십시오. 제가 너무나 바보 같은 일을 했습니다." 또한 심판을 피하려고 하지 않았다. 사람의 손이 아니라 하나님의 손으로 징벌을 받고자 했다. "정말로 큰일났구려. 하지만 여호와께서는 매우 자비로우신 분이오. 그러므로 여호와께서 주시는 벌을 받는 편이 낫겠소. 사람들 손에 벌을 받는 것은 싫소." 바로 이러한 다윗의 회개와 고백으로 인해서 하나님은 심판의 마음을 바꾸었다.

"천사가 팔을 들어 예루살렘을 가리키며 치려 하는 순간, 여호와께서 이스라엘에 재앙을 내리셨던 마음을 바꾸셨습니다. 여호와께서 백성들에게 벌을 주고 있는 천사에게 말씀하셨습니다." 역대상 21장의 말씀과 비교하면 더 자세하게 이 구절을 이해 할 수 있다.

> 다윗이 눈을 들어 보니, 여호와의 천사가 하늘과 땅 사이에 서서 칼을 빼어 손에 들고 예루살렘을 겨누고 있었습니다. 그 모습을 보고 다윗과 장로들이 얼굴을 땅에 대고 엎드렸습니다. 그들은 슬픔을 나타내는 베옷

을 입고 있었습니다. (대상 21:16)

칼을 빼어 손에 들었다는 이 말씀은 절대 변하지 않는 하나님의 심판을 말한다.

> 칼아, 목자를 찔러라. 내 친구인 사람을 쳐라. 만군의 여호와의 말씀이다. 목자를 죽여라. 그러면 양 떼가 흩어질 것이다. 내가 어린 것들을 심판하겠다. (슥 13:7)

여기서는 칼이 마치 잠을 자고 있는 것처럼 말한다. 그래서 "칼아!" 하며 칼을 깨우듯이 부르고 있다. 왜 칼을 이름을 부르는가! 바로 거룩한 여호와의 마음을 불편하게 했기 때문이다. 모든 죄를 다 가지고 있는 이스라엘에게 언제나 하나님의 심판의 칼을 준비되어 있다.

> 전염병을 퍼뜨리고 다니던 천사가 팔을 들어 예루살렘을 가리키며 치려 하는 순간, 여호와께서 이스라엘에 재앙을 내리셨던 마음을 바꾸셨습니다. 여호와께서 백성들에게 벌을 주고 있는 천사에게 말씀하셨습니다. "이젠 되었도다. 그만 팔을 거두어라." 그 때, 주님의 천사는 여부스 사람 아라우나의 타작마당 곁에 서 있었습니다. (삼하 24:16)

이제 하나님의 긍휼한 은혜가 죽음의 심판을 멈추게 했다. 지금 온 이스라엘은 하나님의 거룩한 심판대 앞에 있다.

하나님은 마음에 들지 않는 모든 것을 멸망시킬 수 있는 분이며, 게으른 농부의 땅과 모든 소산을 빼앗을 수 있는 하나님이다. 그러나 무엇이 하나님으로 하여금 천사의 손을 멈추게 하였는가? 왜 이렇게 하는가? 바로 다윗의 회개와 고백이 긍휼한 하나님의 마음을 움직였기 때문이다. 죄인의 회개로 하나님의 공의가 만족되었고 손상된 거룩함이 보상 받았다. "하나님이 마음을 바꾸었다"는 것은 그의 모든 공의가 만족되었다는 말이다.

> 다윗이, 백성들을 친 천사를 보고 여호와께 말씀드렸습니다. "제가 죄를 지었습니다. 제가 잘못했습니다. 하지만 이 백성들은 양처럼 저를 따르기만 했습니다. 그들은 아무 잘못이 없습니다. 저와 제 아버지의 집안에만 벌을 주십시오." (삼하 24:17)

이 구절은 다윗의 중보기도로 생각해도 좋으며, 역대상 21장과 함께 생각하면 그 의미가 더욱 분명해진다.

> 다윗이 하나님께 말했습니다. "백성의 인구를 조사하라고 명령한 사람은 제가 아니었습니까? 제가 죄를 지었습니다. 제가 잘못했습니다. 이 백성들은 양처럼 저를 따르기만 했습니다. 그들이 무슨 잘못을 했습니까? 나의 하나님 여호와여, 저와 제 집안에만 벌을 내려 주십시오. 주의 백성을 죽이고 있는 이 무서운 병을 멈춰 주십시오." (대상 21:17)

온 백성이 죽음의 심판을 맞이해야 하는 결정적인 시간에 다윗의 중보기도가 하나님의 마음을 움직였다. 진실한 회개와 순결한 고백의 중보기도가 하나님의 심판을 멈추게 했다.

이것은 중보기도의 가장 성공적인 예이다. 이 두 구절을 보면 알 수 있듯이, 다윗은 심판을 행하고 있는 천사에게 간구하지 않았다. 칼을 들고 심판을 이루는 천사의 모습 역시 두렵지만, 다윗은 천사를 보지 않고 하나님을 보고 있다. 지금 많은 그리스도인들이 하나님을 두려워하는 것이 아니라, 실제로 눈에 보이는 것들에 큰 두려움을 가진다. 그래서 그것을 숭배하고 믿음을 바친다. 이것은 어리석은 행동이다. 또한 다윗의 위대함이 여기서 분명하게 보인다. 다윗은 책임을 백성이나 다른 사람에게 넘기지 않고 있다. 다윗이 "그들이 무슨 잘못이 있습니까? 저와 제 집안에만 벌을 내려주십시오" 하고 간구하고 있다. 대부분의 사람들은 하나님의 심판의 칼 앞에서 자신의 죄를 인정하지 않고, 남의 탓으로 돌리고 변명한다. 이들은 자신만 살아남으면 된다고 생각한다. 그러나 여기서 다윗은 모든 것을 자신의 죄로 인정하고 고백하고 있다. 다윗이 하나님께 사랑받는 비결이 여기에 있다. 또한 다윗의 중보기도가 성공한 이유이다.

다윗은 언제나 하나님 앞에 진실했다. 심지어 그가 간음을 하고 살인을 하는 경우에도 하나님께 모든 사실을 고백하고 용서를 받았다. 언제나 다윗은 죄를 인정하고 고백하고 용서를 구했다. 또한 지금 다윗은 백성들을 보살피고 있다. 어린 시절 자신의 양떼를 목숨을 걸고 지키듯이 다윗은 백성의 생명을 돌보고 지켜내고 있다. 바로 다윗의 이러한 중보기도가 하나님의 심판을 멈추게 했고 백성들을 죽음의 심판에서 살려냈다.

17. 왕의 찬양

삼하 24:18,19

그 날 갓이 다윗에게 와서 말했습니다. "가서 여호와를 위하여 여부스 사람 아라우나의 타작마당에 제단을 쌓으십시오." 그래서 다윗은 갓을 통해 여호와께서 명령하신 대로 했습니다. 다윗은 여호와의 명령을 따라 아라우나를 만나러 갔습니다.

왕의 찬양

사무엘하 24장

✿

여기에서 다윗은 허락된 하나님의 은혜를 적극적으로 받아들인다. 선지가 갓의 명령이 떨어지자 겸손한 마음으로 이 일을 실행에 옮긴다. 제단을 쌓으라는 하나님의 명령은 죄인과 화목하겠다는 뜻이다. 죄인이 하나님 앞에 서는 비결은 겸손한 마음뿐이다. 정직한 마음으로 회개하고 모든 것을 낮추는 사람만이 화목의 제단을 쌓을 수 있는 길이 허락된다. 사단은 언제나 죄인의 마음에 교만함을 심어주며 시간이 너무 늦었다는 것을 강조한다. 그러나 이런 사단의 사기와 기만은 오래가지 않는다. 죄를 지은 그리스도인은 다시 예수의 피 흘린 십자가 앞에 나와야 한다. 죄를 위해 바쳐진 어린양의 피가 죄와 사망의 권세에서 타락한 성도를 회복시킨다. 하나님의 명령으로 다윗이 움직인 순간 아라우나의 행동은 달랐다.

오르난이 밀을 타작하다 몸을 돌려 보니, 천사가 있었습니다. 그와 함께

있던 그의 네 아들이 몸을 숨겼습니다. (대상 21:20)

아라우나는 천사의 모습을 보고 몸을 숨겼다. 이것은 우리의 의로움이 아무것에도 쓸모없다는 것이다. 멸망의 천사를 보고 아라우나는 두려워 몸을 숨겼지만 왕은 반대로 행동했다. 자신의 의는 숨게 만들지만, 하나님 앞에 회개하고 은혜를 받고자 하는 왕에게는 하나님 앞에 나아 갈 수 있는 유일한 은혜의 시간이 된다. 그러나 아라우나에게는 죄를 용서하고 다시 살리는 긍휼의 하나님이 계시되지 않았고 자신의 집 앞 타작마당에 세워지게 될 제단에 대해 미리 알지도 못했다.

아무것도 알지 못하는 아라우나는 옷이 벗겨진 것처럼 발가벗겨졌다. 그러나 죄의 시궁창에서 벗어난 다윗에게는 지금이 최고의 기회였다. 그는 한 순간도 멈추지 않고 바로 달려갔으며 가장 겸손한 마음과 자세를 가지고 하나님의 말씀에 대답하였다. 왕은 죄악과 심판의 깊은 심연에서 구원 받았지만 아직 천사가 휘두르는 칼은 그의 손에 들려 있었다. 그러나 왕은 두려워하지 않았다. 하나님의 명령이 임했기 때문에 제단을 쌓기 위해 쉬지 않고 달려갔다. 얼마나 대조적인 광경인가! 아라우나에게는 절대적인 위기와 두려움의 상태지만 왕에게는 소망이며 두렵지 않는 기회가 되었다. 다윗 왕은 모든 힘을 다해서 하나님 말씀을 붙잡았다. 아무것도 그의 의지와 생각을 흔들지 못했다. 그는 믿음을 동원했고 그것을 통해서 하나님께 나아갔다. 모든 것을 맡기고 의지할 때 하나님이 허락한 평화가 임한다. 하나님의 은혜가 부족한 것이 아니라 우리가 겁이 많기 때문에 은혜를 놓치게 된다. 죄로 인해 가난해진 영혼만이 하나님의 은혜로 새 소망을 입게 된다.

만약 살아있는 하나님을 믿고 신뢰하고 확신하다면 하나님의 언약은 더욱더 확고해 질 것이며 사단의 협박하고 저주하는 일들에 대해서 더 이상 두려워하지 않을 것이다.

> 다윗이 오르난에게 갔습니다. 오르난은 다윗이 오는 것을 보고 밖으로 나가 얼굴을 땅에 대고 절을 했습니다. (대상 21:21)

여기서 다윗은 겸손한 마음을 가지고 보잘 것 없는 오르난을 직접 만났다. 이것이 다윗의 강점이다. 죄를 범하였을 때 그가 보여주는 겸손함은 언제나 그를 승리로 이끈다. 거친 베옷을 입고 오르난을 만나는 왕의 모습을 상상해 보라! 그의 겸손함이 그의 왕권을 지켰다. 여러분! 하나님이 원하는 것은 빈 그릇이다. 빈 그릇만이 채울 것이 있다. 교만으로 넘쳐나는 그릇은 하나님이 싫어한다. 교만한 마음과 더러운 눈을 가진 사람은 자신이 얼마나 작고 약하며 비겁한 존재인가를 하나님에 대한 거절로 드러낸다.

> 그리고 이렇게 물었습니다. "어쩐 일로 내 주 왕께서 저에게 오십니까?" 다윗이 대답했습니다. "그대에게서 이 타작마당을 사려고 왔소. 그래서 여호와께 제단을 쌓고 싶소. 그러면 백성들에게 닥친 이 재앙도 그칠 것이오." (삼하 24:21)

이 구절에서 다윗의 겸손하며 정직한 모습을 보게 된다. 그는 온 이스라엘의 왕이었고 원하면 모든 것을 할 수 있었지만 그렇게 하지 않았다. 하나님께 제단을 쌓기 위해서 정당한 가격을 치르고자 했다. 오르난이 이방인이었지만 왕은 정당한 가격을 치르기 원했다. 하나님의 사람은 언제나 주위의 이웃과 친구들에게도 정당하게 행동한다.

> 다른 사람을 사랑하는 빚 이 외에는 아무 사람에게, 아무런 빚도 지지 마십시오. 남을 사랑하는 사람은 율법을 온전히 이룬 것이나 다름없습니다. (롬 13:8)

내가 가지고 있는 권력이나 힘을 가지고 다른 사람을 협박하거나 불리하게 해서는 안 된다.

> 우리를 위해 기도해 주십시오. 우리는 모든 일을 선하게 하려고 하므로, 우리가 선한 양심을 갖고 있다는 것을 확신합니다. (히 13:18)

이 말씀은 우리가 따라야 할 기준이 된다. 예수께서 그의 공생애를 보내는 동안 제자들은 다른 사람의 손을 빌리지 않았고 자신들의 먹을 것을 요구하지 않았다. 필요한 것이 있다면 직접 구하고 가지고 다녔다.

> 아라우나가 다윗에게 말했습니다. "내 주 왕이시여, 어디든지 마음에 드시는 곳에서 제물을 바치십시오. 온전한 번제를 드릴 소도 여기에 몇 마리 있습니다. 또 땔감으로 쓸 타작판과 소의 멍에도 있습니다." (삼하 24:22)

이 구절과 역대상 21:23절을 보면 더욱 분명하게 이해된다.

> 오르난이 다윗에게 말했습니다. "이 타작 마당을 가지십시오. 내 주 왕이시여, 좋으실 대로 하십시오. 태워 드리는 제물인 번제물로 쓸 소와 땔감

> 으로 쓸 타작 판과 곡식 제물로 쓸 밀을 드리겠습니다. 모두 다 왕에게 드리겠습니다." (대상 21:23)

오르난은 자기의 모든 것을 '다 드리기' 원했다. 얼마나 위대한 고백인가! 오르난에게 이렇게 부드럽고 선한 마음을 허락한 것은 하나님이다. 어떤 사람이 우리에게 친절과 은혜를 베푼다면 그것은 하나님께서 그런 마음을 허락했기 때문이다. 하나님은 언제나 두 가지 원칙을 가지고 일한다. 왕의 마음속에 제단을 향한 열심을 심어준 하나님이 지금 오르난의 마음에 동일한 일을 하고 있다. 만약 사르밧에 선지자 엘리야를 보내고 과부를 만나게 한 이가 하나님이라면 그녀의 마음을 움직여 모든 것을 나누게 한 이도 하나님이다. 믿음은 그것을 확고하게 붙잡고 있는 사람에게는 큰 용기와 희망을 허락한다. 우리가 하나님의 거룩한 말씀을 전하고 간증하기로 허락받았다면 하나님은 이미 그 말씀을 받을 사람을 준비하고 있다.

> 그러나 왕은 아라우나에게 이렇게 대답했습니다. "안 되오. 돈을 주고 이 땅을 사겠소. 내 하나님 여호와께 거저 얻은 것으로 태워 드리는 제사인 번제를 드릴 수는 없소." 그리하여 다윗은 타작 마당과 소를 은 오십 세겔을 주고 샀습니다. (삼하 24:24)

이방인 아라우나는 충분한 마음과 충성된 행동으로 왕의 일을 돕고 있다. 자신의 타작마당을 사용하고자 하는 이는 왕이 아니라 하나님이라는 것을 아라우나는 알았다. 그래서 팔지 않고 드리고자 했다. 자신의 것이 여호와의 소유라고 생각했다. 그러나 왕은 제단을 쌓는 일이 하나님의 명령이어서 제대로 값을 주고 사고자 했다. 하나님을 비방하는 자들은 이 구절이 역대상 21장 25절과 다르다고 주장한다.

> 그리하여 다윗은 금 육백 세겔을 주고 그 땅을 샀습니다. (대상 21:25)

그러나 자세히 본다면 이 두 구절이 다른 사실을 포함하고 있다는 것이다. 사무엘하 24장은 다윗이 아라우나의 소와 타작마당을 샀다고 말하고 역대상에서는 그곳 즉 일반적인 장소를 말한다. 아마 땅 전체를 샀다고 이해하는 것이 옳다.

> 그리고 나서 다윗은 온전한 번제와 화목제를 드렸습니다. 그러자 여호와께서 나라를 위한 다윗의 기도를 들어 주셔서 이스라엘에 내렸던 재앙을 멈추셨습니다. (삼하 24:25)

다윗은 하나님 앞에 열정과 겸손한 마음을 가진 예배자였다. 하나님은 진실한 예배자의 제사를 열납하였다.

> 다윗은 그 곳에서 여호와께 제단을 쌓고 태워 드리는 제사인 번제와 화목제를 드렸습니다. 다윗이 여호와의 이름을 부르자 여호와께서는 하늘로부터 번제물을 바치는 제단 위로 불을 내리사 그의 기도에 응답해 주셨습니다. (대상 21:26)

이 구절은 이제 하나님이 제사를 받았으며 죄를 용서했다는 의미이다. 하나님은 자기를 찾는 자를 만나며 믿고 신뢰하는 사람을 영광스럽게 한다. 이 영광스러운 표증을 통해서 믿음의 사람을 인정하고 존귀하게 한다. 여기서 주목해야 할 것은 왕이 가지는 믿음과 감사의 능력이다. 왕은 두 가지 번제와 화목제를 드렸다. 화목제는 하나님과 거룩한 교제를 의미하며 화목제를 드린 제물은 제사장과 왕이 함께 나누도록 했다. 왕 역시 번제물에 대한 몫을 받았고 이제 하나님의 진노가 끝을 맺었다.

> 여호와께서 천사에게 칼을 칼집에 꽂으라고 명령하셨습니다. (대상 21:27)

> 그러고 나서 다윗은 온전한 번제와 화목제를 드렸습니다. 그러자 여호와께서 나라를 위한 다윗의 기도를 들어 주셔서 이스라엘에 내렸던 재앙을 멈추셨습니다. (삼하 24:25)

이 구절은 사무엘하를 끝내는 가장 은혜로운 말씀이다. 하나님의 심판을 끝내게 하는 속죄제와 가장 은혜로운 교제를 허락하는 속건제를 드리는 왕의 모습은 긍휼한 하나님의 은혜를 나타낸다. 또한 앞으로 지어질 성전의 땅을 미리 보게 하는 하나님의 큰 은혜를 알게 된다. 저주로 시작된 하나님의 진노는 이제 화목제를 통해 기쁨의 제사로 끝을 맺고 있다. 심판을 받고 고통을 당했던 이들이 이제는 하나님께 드린 화목제물을 가지고 기쁨을 나누고 있으며, 이 제물로 인해서 마음속에 기쁨이 충만했다. 사무엘하는 하나님과 충만한 기쁨으로 교제를 나누는 다윗 왕의 모습으로 끝을 맺고 있다. 이것은 앞으로 다가올 영원한 즐거움에 대한 미래적 예표이다. 이 마지막 구절은 신약의 탕자 비유를 생각나게 한다.

> 그리고 살진 송아지를 끌고 와서 잡아라. 우리가 함께 먹고 즐기자.
> (눅 15:23)

사무엘하 24장과 역대하 21장에 나타난 일들에 대해 시편 30편의 기록은 다윗의 마음을 아주 잘 나타낸다.

> 여호와여, 내가 주님을 높이 찬양하겠습니다. 왜냐하면 주께서 나를 깊은 구덩이에서 건지셨으며, 원수들이 나를 비웃지 못하게 하셨기 때문입니다. 여호와 나의 하나님이시여, 내가 도와 달라고 주를 찾았더니 주님께서 나를 고쳐 주셨습니다. 여호와여, 주님께서 나를 무덤에서 들어 올리셨으며, 내가 구덩이 속으로 내려가지 않게 하셨습니다. 주님께 속한 모든 성도들이여, 여호와를 찬양하며, 그의 거룩하신 이름을 찬양하십시오. (시 30:1-4)

미래에 이루어질 하나님의 집에 대한 찬양과 노래가 가득하기 때문에 이 시편은 믿음의 노래이다. 지금 다윗은 이 거룩한 집의 완성을 보지 못하지만, 미래에 예수 그리스도를 통해 분명하게 이루어졌다. 또한 이 구절은 찬양의 시편이다. 하나님의 처절한 심판과 용서함에 대한 왕의 찬양이다.

> 여호와 나의 하나님이시여, 내가 도와 달라고 주를 찾았더니 주님께서 나를 고쳐 주셨습니다. 여호와여, 주님께서 나를 무덤에서 들어 올리셨으며, 내가 구덩이 속으로 내려가지 않게 하셨습니다. (시 30:2-3)

왕이 위대하고 아름다운 것은 자신의 뜻이 아니라 하나님의 뜻에 따라 움직이고 있기 때문이다. 이스라엘을 지독하게 징벌하고 있는 온역이 멈춘 것은 하나님의 의지와 왕에게 허락한 언약 때문이다.

다윗은 절박한 마음으로 기도했다. “내가 도와 달라고 주를 찾았더니” 왕의 이러한 절박한 기도는 하나님을 믿는 마음에서 출발한다. 고통이 가중되어 아무 말도 없는 상황에서 자신의 기도를 듣고 있는 하나님께 고백한다. 이 상황은 죽음과 하나님의 은혜라는 절대적인 대조를 이룬다. 왕이 완전하게 죽어 있는 상황에서 하나님의 긍휼한 은혜가 살리고 있다.

> 주님께 속한 모든 성도들이여, 여호와를 찬양하며, 그의 거룩하신 이름을 찬양하십시오. 그분의 분노는 잠깐이지만 그분의 사랑은 영원합니다. 긴 밤을 울면서 보내야 하지만 아침에는 반드시 기쁨이 찾아옵니다. (시 30:4,5)

하나님이 보여주는 자비와 긍휼의 은혜는 거룩함에 근거를 둔다. 왕에게 번제단을 쌓으라고 명령한 것은 하나님의 거룩함이었다. 많은 성도들이 하나님의 긍휼과 회복하는 능력을 찬양하고 경배한다. 그러나 이 일 이전에 해야 할 일은 거룩한 하나님만을 찬양하는 것이다. 거룩함은 하나님의 가장 위대한 성품이기 때문이다. 다윗은 하나님의 온역 심판이 짧은 시간에 끝이 난 것을 기뻐하였다.

온역의 징벌은 영원하지 않았지만 그 속에서 만난 하나님의 거룩한 은혜는 영원하였다. 하나님의 징계가 짧은 시간에 끝난다는 사실과 징벌 이후에 베풀어주는 영원한 은혜를 만난다는 것은 기뻐해야 할 일이다.

> 안전하다는 생각이 들 때, 나는 난 결코 흔들리지 않을 거야라고 말했습니다. 여호와께서 나에게 은혜를 베푸셨을 때, 주는 산처럼 굳게 세우시

> 고 나를 흔들리지 않게 지키셨습니다. 그러나 주님께서 나를 돌아보지 않으셨을 때, 나는 무서워 어찌 줄 몰랐습니다. (시 30:6,7)

다윗이 백성의 숫자를 계수한 것은 교만에서 나온 행동이었다. 이러한 교만한 행동의 비밀을 여기서 알게 된다. 처음에 다윗은 그동안 이루어놓은 승리의 일들에 대한 영광을 자신이나 다른 사람에게 돌리지 않았고 오히려 모든 것을 하나님의 은혜로 돌렸다. 그러나 그의 실수는 이제 이스라엘이 적의 공격에도 흔들리지 않고, 어떤 세력도 이스라엘을 무너트리지 못 할 것이라고 자만한 것에서 시작한다. 이 자만이 왕으로 하여금 큰 죄악을 저지르게 했다. 내가 힘이 없고 저주 가운데 있으며 언제든지 망할 수 있다는 생각을 버릴 때 하나님은 도움의 손길을 걷어 간다. 다윗을 향한 하나님의 도움이 없어 졌을 때 그에게 아무런 힘도 능력도 보이지 않았다. 마치 하나님께서 그 얼굴을 완전히 감추어 버린 것처럼 보였다. 다윗 왕은 당황하며 자신의 행동을 후회하였다.

자신이 안전하고 힘이 있다고 생각할 때 하나님의 온역이 온 이스라엘을 휘저었다.

> 여호와여, 내가 주님께 부르짖었습니다. 나를 불쌍히 여겨 달라고 간절히 구하였습니다. (시 30:8)

기도는 그리스도인이 가진 유일한 힘의 원천이다. 만약 나에게 지혜가 없고 힘이 없다면 계속해서 하나님께 나아갈 수 있다. 큰 지진이 발생하고 큰 산들이 무너질지라도 하나님의 영광의 보좌는 굳건하다. 그러기에 모든 그리스도인은 이 굳건한 보좌를 붙들고 나아 갈 수 있다. 이전 시글락에서 다윗이 고난과 고통을 당할 때, 백성들이 돌을 들어 치려고 할 때 다윗은 하나님의 힘으로 용기를 내었다.

> 다윗의 부하들이 다윗을 돌로 쳐 죽이려 하였습니다. 그 때문에 다윗은 몹시 당황하였습니다. 다윗의 부하들은 자기 아들딸들이 포로로 끌려갔기 때문에 슬프고 화가 났던 것입니다. 그러나 다윗은 자기 하나님 여호와 안에서 힘을 얻었습니다. (삼상 30:6)

왕이 수 없이 많은 시련과 저주 속에도 살아 날 수 있었던 것은 하나님을 신뢰하는 믿음 때문이었다. 하나님은 자신을 의지하고 의뢰하며 부탁하는 자의 손을 거절하지 않는다.

> 죽는다면 나는 끝장입니다. 무덤에 들어간다면 주님께 무슨 소용이 있겠습니까? 흙먼지가 주님을 찬양할 수 있겠습니까? 시체가 주님의 성실하심을 널리 외칠 수 있겠습니까? 여호와여, 나의 간절한 소원을 들으시고, 나를 불쌍히 여겨 주소서. 여호와여, 나를 도와주소서. (시 30:9,10)

왕의 고난의 깊이를 알 수 있는 구절이다. 왕은 온역으로 인해 베옷을 입고 회개하고 있었지만 이 베옷은 내면적인 고통과 슬픔을 완전하게 드러내지 못한다. 하나님이 세운 왕은 그의 법을 지키며 순종해야 하지만 왕은 이일에 실패하였다. 또한 백성들 역시 법을 지키지 못하게 했다. 하나님의 정의로운 판단과 심판이 임하자 왕은 슬픔의 탄식을 가지고 하나님께 간구했다.

> 주님께서 내 슬픔을 바꾸시어 춤이 되게 하셨습니다. 주님께서 내 슬픔의 옷을 벗기시고, 기쁨의 옷을 입혀 주셨습니다. 이제 내가 가만히 있지 않고, 주님을 노래하겠습니다. 여호와 나의 하나님이여, 내가 주님을 언제까지나 찬양하겠습니다. (시 30:11,12)

시편 30편의 마지막 말씀이다. 얼마나 위대한 고백인가! 다윗의 간절한 기도에 하나님께서 응답하였고 도와 달라는 기도에 은혜를 베풀었다. 이런 하나님의 도움과 은혜는 찬양의 기도와 함께 하나님의 영광을 생각하게 한다. 영광을 드리는 것은 성도의 마땅히 해야 할 것이다. "여호와 나의 하나님이여, 내가 주님을 언제까지나 찬양하겠습니다." 이 찬양이 우리의 영원한 노래가 되어야 한다. 모든 그리스도인은 하나님께 희생의 번제를 드린 이후에 이렇게 찬양 할 것이다. 모든 영광이 하나님께 있을 것이다. 아멘